Tirso de Molina

# Celos con celos
# se curan

Barcelona **2024**
**Linkgua-ediciones.com**

## Créditos

Título original: Celos con celos se curan.

© 2024, Red ediciones S.L.

e-mail: info@linkgua.com

Diseño de cubierta: Michel Mallard

ISBN tapa dura: 978-84-9897-306-8.
ISBN rústica: 978-84-9816-487-9.
ISBN ebook: 978-84-9897-142-2.

# Sumario

# Brevísima presentación

## La vida

Tirso de Molina (Madrid, 1583-Almazán, Soria, 1648). España.

Se dice que era hijo bastardo del duque de Osuna, pero otros lo niegan. Se sabe poco de su vida hasta su ingreso como novicio en la Orden mercedaria, en 1600, y su profesión al año siguiente en Guadalajara. Parece que había escrito comedias y por entonces viajó por Galicia y Portugal. En 1614 sufrió su primer destierro de la corte por sus sátiras contra la nobleza. Dos años más tarde fue enviado a la Hispaniola (actual República Dominicana) y regresó en 1618. Su vocación artística y su actitud contraria a los cenáculos culteranos no facilitó sus relaciones con las autoridades. En 1625, el Concejo de Castilla lo amonestó por escribir comedias y le prohibió volver a hacerlo bajo amenaza de excomunión. Desde entonces solo escribió tres nuevas piezas y consagró el resto de su vida a las tareas de la orden.

## Enredos sentimentales

El amante se enamora de una dama esquiva y para seducirla finge indiferencia. La dama se somete y pretende ser la esposa del amante... La obra es una loa al amor por lo inaccesible en la que el désden parece ser la mejor arma para conquistar a la persona amada.

Esta pieza de Tirso de Molina inspiró a su vez el Desdén con el desdén, de Agustín Moreto, también publicada en Linkgua.

## Personajes

César, galán
Sirena, dama
Carlos, galán
Diana
Narcisa
Gascón, criado
Marco Antonio
Alejandro
Un cortesano
Un alcalde
Dos criados
Acompañamiento

## Jornada primera

(Salen César, Carlos y Gascón.)

César                        ¿Hemos de apartarnos más
de la ciudad, Carlos?

Carlos                               No;
que la ribera del Po,
que murmurar viendo estás
   mientras de Milán te alejas,
si en sus cristales te avisas,
agravios vende entre risas
a tu amistad y a mis quejas.

César                        No te entiendo.

Carlos                             No me espanto.
Déjanos solos aquí
Gascón.

Gascón                      Siempre obedecí
a quien sirvo y quiero tanto
   y más a estas ocasiones,
porque yo cuando hay envites
digo quiero a los convites
y descarto las cuestiones.

(Vase.)

César                      Ya estamos solos; procura
declararte. ¿Es desafío?

Carlos                 No nos oye más que el río

que no ofende aunque murmura.
  Deja de aumentar agravios
dudando de mi fe así,
que mis quejas contra ti
solo tienen en los labios
  discreta jurisdicción,
no en la espada, que en efeto
reverencian el respeto
que te debo.

César                         La ocasión
  con que las formas repara
que me suspendes y admiras.

Carlos         Por fabulosas mentiras
las propiedades juzgara
  que pintó la antigüedad
en la amistad verdadera,
si hallarlas en ti quisiera.

César         Pues ¿es falsa mi amistad?

Carlos         Parécelo.

César               Di el porqué.

Carlos         ¿Por qué, desata esta duda,
pintó a la amistad desnuda
quien su Apeles sutil fue?
  ¿Por qué, si no es en tu mengua,
su lado abierto mostró
y del pecho trasladó
el corazón a la lengua?
  ¿Por qué le vendó los ojos,

dejando libres los labios?

César         Jeroglíficos agravios
me proponen tus enojos;
  misterioso vienes. Digo
que si desnuda pintaban
la amistad los que enseñaban
leyes al perfeto amigo
  fue para darle a entender
que entre los que la profesan
y su lealtad interesan
ningún secreto ha de haber.
Porque si se definió
que era una alma en dos sujetos,
afirmando los discretos
que el amigo es otro yo,
  mal quedara satisfecho
de quien sus pasiones calla
el amigo que no halla
en un lugar lengua y pecho.
  Mas yo ¿cuándo he delinquido
contra estas leyes? ¿qué llaves
no te ha dado el alma?

Carlos                        Sabes,
César, que señor has sido
  de la mía de tal modo,
que hasta el menor pensamiento
jamás de tu amor exento,
viéndote dueño de todo
  y a mí tan perfeto amigo,
ya grave, ya humilde fuese,
antes que yo le entendiese
se registraba contigo.

**11**

¿Qué desdenes de Vitoria
—Sol que adoro—, qué desvelos,
ya bastardos por los celos
ya hijos de la memoria,
     dejé de comunicar
contigo, si tal vez hubo
que compasivo te tuvo
de tal suerte mi pesar
     que en recíprocos enojos
tanto amor nos conformó
que porque lloraba yo
afeminaste tus ojos?

César          Pendiente estoy de tus labios,
confuso con tus razones.
¿Las que son obligaciones,
Carlos, vuelves en agravios?
     Si lloras, lloro contigo;
alégrame tu contento;
lo mismo que sientes, siento,
¿y me llamas mal amigo?
     No te acabo de entender.

Carlos          Ya sabes que la igualdad
es hija de la amistad.
Tu igual me viniste a hacer
     el día que me llamaste
amigo tuyo.

César                    Es así.

Carlos          De sangre noble nací,
si la ducal heredaste.
     Ya sé que tan cerca están

tus partes de tu ventura
que para hacerla segura
la corona de Milán
    un solo estorbo hay en medio
de un sobrino que la goza
tan enfermo en edad moza
que diera fácil remedio
    a mi deseo y tu estado
la muerte, si permitiera
cohechos o te quisiera
como yo, aunque mal pagado.

César        ¡Oh, Carlos! ¡Cómo se entiende
que interesado tu pecho
amistades que me ha hecho
como mercader las vende!
    Sácame ya del cuidado
con que suspenso te escucho,
que quien encarece mucho
no se tiene por pagado;
    y pienso yo que en iguales
correspondencias de amor
si ejecutas acreedor
de la obligación te sales
    de deudor, pues te he querido
con tan limpia y pura fe
que en ellas te perdoné
aun el serme agradecido.

Carlos       ¡Muy bien lo muestras, por Dios!
Sea, y búrlate de mí;
tu secreto para ti
y el mío para los dos.
    Los amigos de importancia,

que se precian de leales,
en los bienes y los males
van a pérdida y ganancia.
    Mas tú que con los ingratos
quieres lograr tus intentos,
avaro de pensamientos,
con andar hoy tan baratos,
    pretendes en los desvíos
con que me ocultas tu pena
por gastar de hacienda ajena
ser pródigo de los míos.
    ¿Tú triste, César, y yo
de la ocasión ignorante?
¿Tú desvelado, tú amante,
y yo sin saberlo? No,
    no busques vana salida
a culpas averiguadas.
De la soledad te agradas,
mi amistad aborrecida;
    no comunicas tormentos,
ni yo quiero examinarlos;
ya, César, te cansa Carlos;
señor de tus pensamientos
    has sido; yo te los dejo.
Goza a solas tu cuidado;
los secretos que he fiado
de ti te darán consejo;
    no llevo ninguno tuyo
que restituirte deba.
Prueba otros amigos, prueba;
y con aquesto concluyo
    amor sin comunicar,
mientras dejas ofendida
una amistad de por vida

que ya por ti es al quitar.

(Quiérese ir.)

César

Aguarda, Carlos, espera,
satisfaré tus engaños;
¿amistad de tantos años
por ocasión tan ligera
  se rompe? Facilidad
notable a culparte viene;
mas no es mucho, también tiene
sus melindres la amistad;
  también la asaltan recelos,
que la amistad en rigor,
por lo que tiene de amor,
quejas forma y pide celos.
  Es verdad que quiero bien
en parte que corresponde
agradecida; ni dónde,
ni cuándo, Carlos, ni a quién
  te he dicho, que como sigo
leyes que a la amistad puso
más la antigüedad que el uso,
y sé que el perfeto amigo
  no quiere ni intenta más
de lo que quiere y intenta
su amigo, no juzgué a afrenta
la que en la cara me das,
  pues en este fundamento
mi amor oculto creyó
que gustando desto yo
estuvieras tú contento.
  Mas pues me llamas ingrato
y a lo interesable vives,

secretos das y recibes
y ya es tu amistad contrato.
    Oye, aunque el límite pase
que me puso a quien respeto,
pues debiéndote un secreto
que sin que yo te forzase
    me donaste liberal,
si hago pleito de acreedores,
tus deudas son anteriores
y es bien pague al principal;
    pero advierte que no es justo
que pagarte más intente
de aquello que cabalmente
te debo.

Carlos                    Logra tu gusto.
    La deuda quiero soltarte;
no ofendas tu mudo amor.
Mírasme como acreedor;
claro está que he de enfadarte.
    Quédate, César, con Dios.

(Detiénele [César].)

César            Eso no. Desobligado
has de dejarme y pagado
has de partirte; los dos
    hacemos cuenta ajustada.
Ya estriba esto en interés;
si te has de ir, vete después
que yo no te deba nada.
    Que amabas dijiste un día
y antes que más te explicases
y tu dama me nombrases

**16**

yo, que en la filosofía
  estoy diestro de los ojos
y los tuyos registré,
que era Vitoria alcancé
la causa de tus enojos.
  Haz tú otro tanto también,
si igual fineza te obliga,
porque yo cuando te diga
mi amor no te diré en quién
  le empleo.

Carlos                          Enojado estás.

César            No estoy, que es la causa leve;
pero harto hace quien debe
en pagar sin que dé más.

Carlos            Di que porque serte intento
de provecho en tus cuidados,
con paciencia tus enfados
quiero sufrir.

César                          Está atento.
  En un festín que el duque mi hermano hizo
una noche... engañéme, un claro día,
que agregación de luz desautorizo
si a tanto Sol describo noche fría:
pródiga la hermosura y en su hechizo
perdida la beldad que Chipre cría;
competidoras discreción y gala
y dilatada gloria en breve sala,
  cuadros de estrellas sustituyen flores,
ya jardín el salón que amor cultiva,
si estrados deste abril usurpadores

no extrañan que en tal cuenta los reciba
cercado de bellezas y valores
el teatro ducal y la festiva
ocupación sonora en instrumentos
principio dio al sarao y a mis tormentos.
  Libre gozaba yo la ejecutoria
con que el descuido me eximió tributos
que rinde el alma y guarda la memoria
pechando penas más a menos frutos.
¡Qué cerca está el tormento de la gloria!
¡Qué bien pintó al placer cortando lutos
aquel que a los umbrales del sosiego
la inquietud retrató pegando fuego!
  Licenciosa la vista se derrama
por venenosos campos de hermosura,
présago amor de ejecutiva llama
que libre cuello sujetar procura.
Vi, Carlos, en efeto, vi a una dama,
imperiosa opresión de mi ventura,
que presidiendo en tribunal de estrellas
lo que esta desperdicia logran ellas.
  Gozaba, al lado suyo, un caballero
privilegios de fiestas semejantes,
de incógnito valor, cobarde acero,
desvalido entre méritos amantes.
No te sabré afirmar cuál fue primero,
o amar o estar celoso; mas sé que antes
que advirtiese mi estado peligroso
si amante me admiré, temí celoso.
  Salí a danzar, ya rayo de venganzas,
por malograr indigna competencia,
y a la marquesa saco; entre mudanzas
festivas —mal presagio a la experiencia—
sembró risueña en celos esperanzas,

espinas que coronan la paciencia;
yo de veras amante, el festín juego;
cesó la danza y comenzó mi fuego.
    Ocupo el lado, si cobarde amando,
atrevido celoso; y suspendiendo
discursos a la lengua hablé mirando,
propuse mudo y obligué temiendo.
Ella cifras de amor deletreando
lo que negó callando pagó viendo.
¡Oh amor, al principiar dulces enojos,
idiota en labios, elocuente en ojos!
    Puso a la fiesta fin la aurora, llena
de envidias más que aljófares; ¡qué prisa
a mi espaciosa suspensión! ¡Qué pena
a oscura ausencia su purpúrea risa!
Acompañé hasta el coche a mi Sirena...

Carlos                  ¿Que Sirena es la dama que me avisa
tu inadvertencia? Más que a tu cuidado
a tu descuido quedaré obligado.
    Ya César me sacaste de adivino;
prosigue.

César                         ¿Para qué, si soy tan necio
que ofendiendo secretos descamino
dichas de amor y leyes menosprecio?
Pasé a la lengua el alma, en ella vino
Sirena aposentada; que no precio
sin Sirena vital acción ¡qué asombro!,
vivo en nombralla y muero si la nombro.
    Ya, Carlos, sabes más que yo quisiera;
vencísteme y perdíla por nombralla.
¡Oh lengua para el mal siempre ligera!
¡Oh pecho descuidado al refrenalla!

Si eres leal, si quieres que no muera,
su nombre se te olvide, o si no calla;
que si alcanza a saber que está ofendida
desacredito a amor, pierdo la vida.

Carlos
　　¡Ah, César, quién pudiera ejecutivo
quererte menos por vengar agravios!
¿Qué importa conocerla si en ti vivo?
Lo que me ocultas tú debo a tus labios;
prosigue con tu amor ponderativo
y estima en más respetos, si no sabios,
leales en sufrirte y no ofenderte,
que al olvido la nombras o a la muerte.

César
　　¿Qué quieres, caro amigo, que prosiga?
Facilitó imposibles la frecuencia;
muchas veces la hablé; muchas obliga
a firme resistir, firme asistencia;
desdeñosa al principio, ya mitiga
rigores, ya al amor, correspondencia
que caudalosa en voluntades trata,
risueña obliga y satisface grata.
　　Solo de tu amistad —¿diré envidiosa?,
bien puedo, que no quiere que a la parte
entres con ella en alma que imperiosa
duda de gobernar sin desterrarte—
premática me puso rigurosa
con privación de no comunicarte
su nombre, ni mi amor, y esto con pena
que en sabiéndolo tú, pierdo a Sirena.
　　Sé agora, Carlos, juez de mi indiscreto
roto silencio ya; serás testigo
de mi muerte también si a su respeto
te atreves y a la ley de hidalgo amigo.

De mi alma eres señor; de mi secreto
con la sortija de Alejandro obligo
tus labios y lealtad, porque al sellarlos
la fe que a Efestión obligue a Carlos.

(Sale Gascón.)

Gascón          ¡Damas, cuerpo de Dios, damas,
                despedid por hoy enojos
                y desenvainad los ojos
                que en las amorosas llamas
                  un crítico los llamó
                espadas negras de esgrima!
                A Sirena y a su prima
                cierto coche malparió
                  en ese jardín frontero,
                porque entre sus hortalizas
                flores se llamen mellizas
                y su comadre el cochero.
                  Visto os han y acá se aplican;
                amor en el campo es hambre
                y todo encuentro fiambre
                da apetito; si se pican
                  dos a dos estáis.

César                            Ya temo
                con qué ojos miraré,
                Carlos, a quien quebranté
                el primer precepto.

Carlos                           Extremo
                  escrupuloso es el tuyo;
                ya yo no tengo memoria
                de lo dicho. A mi Vitoria

voy a ver; iay Dios, si suyo
    me llamara! Tú, entre tanto
que sus rigores mitigo,
prosigue dichas amigo,
proseguiré yo mi llanto;
    que en mis penas divertido
si tú en tu gloria elevado
sabrá en tu amor mi cuidado
darme por desentendido.

(Vase.)

Gascón (Aparte.)          (Dama falta para mí;
el primer lacayo soy
que huérfano de hembra estoy.
Dijérala a hallarla aquí,
    a fuer de cómico humor:
«¿Y ella no nos dice nada?»
Respondiérame alentada:
«Y él ¿sabe tener amor?»
    «Y ella ¿qué gusto embaraza?
¿qué voluntad fregoniza?»
«Y él ¿en qué caballeriza
ejercita la almohaza?»
    «Y ella ¿a quién vende novillos?»
«Y él ¿cuánto ha que es moscatel?»
Porque eso de «¿y ella?», «¿y él?»
dan al gracejo estribillos.
    Mas pues lacayo soltero
soy y no hay con quién parlar
iréme a cochiquizar
un rato con el cochero.

(Vase. Salen Sirena y Diana.)

| | |
|---|---|
| Sirena | Estas riberas frecuento<br>con notable inclinación. |
| Diana | Animan la suspensión<br>de tu altivo pensamiento<br>   sus márgenes siempre amantes,<br>que contra estivos rigores<br>humildes ya en niñas flores,<br>locas ya en plantas gigantes,<br>   tejiendo lazos estrechos<br>criaturas dél parecen,<br>que aves cantan, vientos mecen<br>y él alimenta a sus pechos. |
| Sirena | Poéticas descripciones<br>autorizas. |
| Diana |            Entretienen<br>mientras oscuras no vienen<br>a deshermanar razones.<br>   Mas advierte que hemos sido<br>asaltadas. |
| Sirena |            ¿Cómo así? |
| Diana | César, tu amante, está aquí. |
| Sirena | La primer vez que ha venido<br>   desacompañado es ésta.<br>¿César sin Carlos? Extraña<br>novedad. |
| Diana |          No se acompaña |

amor que no manifiesta
   sus secretos; soledades
busca toda suspensión.

Sirena

Di leyes de mi afición,
que malogran amistades.

(Llégase a ellas.)

César

   Viendo yo la compostura
deste sitio, prenda mía;
las nuevas flores que cría
su aventajada hermosura,
luego dije a mi ventura:
«¿Tan alegre esta ribera?
¿tan florida y lisonjera?
Notable ocasión tendrá;
que quien tan compuesta está
visita o huésped espera.»
   No salió mi consecuencia
mentirosa, si bien veo
que no es cortés este aseo
sino loca competencia.
El campo en vuestra presencia
con arrogante osadía
parece que os desafía
y en plaza de armas de flores
esperanzas y temores
le dan miedo y osadía.
   Competencia es desigual;
envidias de perlas llora;
rindióse, ya es vencedora
la marquesa del Final.
Los pies os besa en señal

de que humilde os obedece;
ya le pisáis, ya florece
de nuevo; dichoso ha sido
quien pisado y oprimido
risa aumenta y flores crece.

Sirena          Ni el río, César, ni el prado
enseñaros a hablar pudo,
que uno y otro, obrando mudo,
cuerdo obliga y causa agrado.
Hasta el río es tan callado
que con reinar su corriente
desde su ocaso a su oriente
palabras aborreció
tanto que se llama el Po
con dos letras solamente.
    Vos, al contrario, perdiendo
suertes que estoy recelando
lleváis mal amar callando
y obligar obedeciendo.
Perfeccionaros pretendo,
César, porque en mi afición
no tendrá jurisdicción
—esta altivez perdonad—
ni parlera voluntad,
ni ocupada inclinación.

César          ¿Pues quién, si no lo fingís,
ocupando el alma mía
os usurpa monarquía
que sola en ella adquirís?

Sirena          Pensamientos divertís,
que yo quisiera ocupados

y menos comunicados
con quien, no sé si indiscreto,
desacredita el secreto
que abona vuestros cuidados.
    Este Carlos ha de echaros,
César, a perder sin duda.

César
    Con él mi voluntad muda
no se ha atrevido a agraviaros;
obedeceros y amaros
son el arancel que sigo,
tanto que con ser mi amigo
y una alma sola los dos,
porque me lo mandáis vos
le agravio y le desobligo.
    Ni yo le he comunicado
desvelos de mi ventura,
ni él, aunque los conjetura,
saberlos ha procurado.

Sirena
Andáis vos muy alentado,
César, para no tener
amigo con quien hacer
plaza de favorecido
que suele, si está oprimido,
un secreto enflaquecer.
    Vos solo en mi voluntad
sois absoluto señor;
si es correspondencia amor,
pagadme con igualdad;
no ha de ocupar su amistad
alma que se llame mía
por más que en ella porfía
vivir quien me la usurpó,

que soy muy gran huésped yo
para estar en compañía.
   Carlos, sea o no leal,
me cansa, y no será bien,
César, que queráis vos bien
a quien me parece mal;
dejarle será señal
de que a mi amor os obligo.

César                    Mirad, señora...

Sirena                            Esto os digo;
leyes de mi gusto son.
César, en resolución
o con Carlos o conmigo.

(Vase.)

César                       Esperad, oíd; tenelda,
Diana hermosa, obligalda
a que me escuche; llamalda,
reducilda, disponelda...

Diana              Si la amáis, obedecelda,
César; que probar ordena
a costa de vuestra pena
la fe de vuestra afición.

César                    ¿Pues eso...?

Diana                            En resolución,
con Carlos o con Sirena.

(Vase.)

César                    Esto estriba ya en porfía
más que en finezas de amor;
no hay belleza sin rigor,
ni altivez sin tiranía.
Estos espíritus cría
la hermosura idolatrada.
¡Ah presunción encantada
en mujer desvanecida;
arrogante si querida,
terrible si despreciada!
    ¿Que deje yo la amistad
de Carlos? ¿Que agravie yo
a quien debo tanto? El Po,
padre desta amenidad,
primero a la eternidad
casi de su curso frío
con mudable desvarío
ofenderá y imprudente
nacerá mendiga fuente
donde muere inmenso río,
    que con culpables mudanzas
ofenda la inclinación
que aumenta mi obligación
y alienta mis esperanzas.
Ponga el tiempo en dos balanzas
mi amistad, mi ardiente pena,
que si a olvidar me condena
la una fuerza ha de ser,
Carlos, por no te perder
dejar de amar a Sirena.
    Adórola; mucho digo.
¡Oh ciegas contrariedades!
Hallar podré otras beldades,

**28**

pero no otro igual amigo.
Si le dejo, me castigo;
piérdome, si no le dejo
y en dos caminos perplejo
hallo —¡extraña confusión!—
mi desdicha en la elección
y mi daño en el consejo.

(Sale Carlos muy contento.)

Carlos            ¡Cómo podré yo explicarte
mi gozo, amigo...! No digo
bien, que el señor no es amigo,
y viniendo a gratularte
    duque de Milán, no es cuerdo
el título que te doy.
Tu vasallo, duque, soy
cuando el ser tu amigo pierdo.
    Murió tu sobrino ya;
duque de Milán te aclama
festiva a voces la fama
y de suerte alegre está
    la nobleza y pueblo junto,
que agradeciendo a la muerte
su dicha olvida por verte
las obsequias del difunto.
    En tu busca la nobleza
sale y toda la ciudad:
trueque por la majestad
el título vuestra alteza
    y déme para besarlos
los pies.

César            Cuando estilo mudas

me ofendes por ver que dudas
de lo que te estimo Carlos.
      El parabién que me das
dátele también a ti;
para ti soy lo que fui,
duque para los demás.
      La fortuna no enajena
amigas jurisdicciones.
El norte de mis pasiones,
como sabes, es Sirena
      y puesto que pende della
toda mi felicidad,
por no perder tu amistad
a riesgo estoy de perdella.
      No me mudo yo, aunque herede;
César para ti he de ser;
que Milán no ha de poder
lo que Sirena no puede.

Carlos            ¿Pues qué hay en eso?

César                          Despacio
sabrás las contradicciones
de mis confusas pasiones.
Vamos agora a palacio;
      y mientras conmigo estás,
Carlos, a solas no mudes
estilo ni de mí dudes,
que si apetezco ser más
      es para que más poseas.

Carlos            Eres César y de modo
lo vengas a ser del todo
que César Augusto seas.

(Vanse.  Salen Sirena y Diana.)

Sirena                    ¿Duque, César?

Diana                              Premia el cielo
                          partes dignas de reinar.
                          Creció a sus plumas el vuelo
                          tu amor; ya te puedo dar
                          plácemes.

Sirena                          ¿De qué?

Diana                                  El desvelo
                            con que César te ha servido
                          aumentará en tu favor
                          deseos contra el olvido;
                          que en el noble crece amor
                          con el estado.

Sirena                              He nacido,
                            Diana, tan sobre mí
                          que si le favorecí
                          hasta este punto, no sé
                          desde agora lo que haré.

Diana                     ¿Qué dices? ¿Estás en ti?

Sirena                       Estoylo, y tanto que crece
                          mi olvido con la razón.
                          Creerás que me desvanece
                          la ducal ostentación
                          que esa esperanza me ofrece;
                              mas puesto que él lo merezca

yo solo intento querer,
aunque soberbia parezca,
amante que engrandecer,
no duque que me engrandezca.
    Llegará a mí presumido,
cuando no desvanecido,
César a hablarme y creerá
que sus dichas pisan ya
celos, desdenes y olvido.
    ¡Qué grave que entrará a verme!
¿Mas que hace, para obligarme,
majestad el pretenderme,
favor el solicitarme
y pasatiempo el quererme?

Diana     ¡Ay, prima! Déjate deso
que pones en opinión
tu cordura.

Sirena     Todo exceso
altera la discreción,
Diana, y oprime el seso.
    Hombre que duda dejar
por mí un amigo y causar
pudo en mi amor sentimiento
¿no ha de obligar mi escarmiento?
¿No me ha de desestimar
    duque ya y entronizado;
de monarcas pretendido
por yerno, solicitado
de reyes y persuadido
a deidades de su estado?

Diana     ¿Luego no le quieres bien?

| | |
|---|---|
| Sirena | Infinito. |
| Diana | ¿Pues qué intentas? |
| Sirena | Que celos causa le den<br>de amarme más. |
| Diana | De esas cuentas<br>no sé si has de salir bien. |
| Sirena | Esta alta razón de estado<br>mis quimeras han hallado,<br>que ha de ser en mi favor;<br>con celos se aumenta amor,<br>sin ellos es descuidado.<br>César, duque de Milán,<br>de lisonjas aplaudido,<br>si desvelos no le dan<br>recuerdos, prima, en su olvido<br>mis deseos penarán;<br>a más difícil empresa<br>más ardides, más soldados. |
| Diana | ¿Y si te deja? |
| Sirena | Marquesa<br>me quedo, alivio cuidados<br>y esperanzas de duquesa |
| Diana | Terrible, Sirena, estás;<br>pero ¿con quién le darás<br>celos, rabiosos venenos? |

| | |
|---|---|
| Sirena | Con hombre que valga menos |
| | para que lo sienta más. |
| |    Marco Antonio, aquese necio, |
| | para esto me ha parecido |
| | bien, aunque de poco precio. |
| | |
| Diana | Celos engendran olvido |
| | si paran en menosprecio. |
| | |
| Sirena |    Yo he de probar los quilates |
| | de los celos. |
| | |
| Diana |          Grande error |
| | es que probar hombres trates, |
| | porque pruebas en amor |
| | suelen llorar disparates. |

(Sale Marco Antonio.)

| | |
|---|---|
| Marco Antonio | Por no ver los regocijos |
| | que a César previene el pueblo... |
| (A Sirena.) | ... a ese César venturoso, |
| | —perdóneme si le afrento |
| | cuando este nombre le aplico, |
| | que yo no sin causa pienso |
| | que necedad y ventura |
| | en este siglo es lo mesmo— |
| | salí a divertir envidias |
| | a esta soledad, creyendo |
| | crecer en ellas pesares, |
| | porque los mismos efectos |
| | causan la música y campos, |
| | si es verdad que son aumentos |
| | de tristezas en el triste, |

de gustos en el contento.
Mas piadosa la fortuna
dio a mis pesares consuelo
cuando menos le esperaba
con vuestro dichoso encuentro;
pues del modo que se olvidan
naufragios, tomado el puerto,
heridas con la victoria
y trabajos con el premio,
mis envidias se olvidaron,
hermosa marquesa, viendo
en vos cifrado mi alivio,
pues no hay penas donde hay cielos.

Sirena      Enfermos de un mal los dos,
Marco Antonio, nos podremos
consolar el uno al otro,
si consuela el mal ajeno.
Yo también a estas riberas
contaba los desaciertos
en que la fortuna loca
constituye su gobierno.
Cortó en agraz el abril
del más ilustre mancebo
que vio Milán en su silla,
que dio esperanzas al tiempo.
Dejó en su lugar a César,
si antes de heredar soberbio,
juzgad vos qué tal será
ya señor, ya no heredero.
No hay elección en los hados;
desde sus principios fueron
naturaleza y fortuna
opuestas en sus efetos.

¡Cuánto érades vos más digno,
noble, gallardo, discreto,
cortés, liberal, afable,
que un hombre en todo diverso!

Marco Antonio     Ya que esa merced me hacéis,
y adorándoos no hay secreto
que ose el alma reservaros,
yo, mi Sirena, os prometo
que llegándome a mirar
no ha mucho al líquido espejo
dese cristal fugitivo,
dije —sus flores lo oyeron—:
«Si méritos y no dichas
entronizaran sujetos
sin excepción de personas
¿quién me negara el imperio?
En los dotes naturales
¿qué me falta? ¿qué no tengo?
Sangre ilustre, deudos claros,
alma noble, gentil cuerpo,
generosa inclinación,
alentados pensamientos
en la adversidad constantes
en la prosperidad cuerdos;
infatigable al trabajo,
festivo y galán en juegos;
para el amigo apacible
para el contrario severo;
estudioso cortesano...
y, sobre todo, —¿dirélo?—
de la marquesa bien visto,
con que a mi dicha eche el sello.»

| | |
|---|---|
| Diana (Aparte.) | (Tal te dé Dios la salud.) |
| Sirena (Aparte.) | (¿Hay presumido más necio? |
| | Buen competidor escojo |
| | para darle al duque celos.) |
| (A él.) | No desmerecéis conmigo |
| | por alabaros, si es cierto |
| | que quien a sí no se estima |
| | causa en otros menosprecio. |
| | Más con eso me obligáis, |
| | que el propio conocimiento |
| | incita a heroicas acciones |
| | y más siendo como el vuestro. |
| | Creed, señor Marco Antonio, |
| | que pudo en mí el conoceros |
| | tal vez tanto que ha formado |
| | quejas contra vos mi sueño. |
| | Contemporizad prudente |
| | de la fortuna sucesos, |
| | ciegos como quien los guía. |
| | César es duque, en efeto; |
| | conformaos con sus vasallos, |
| | id galán, dalde compuesto |
| | parabienes pesarosos, |
| | aplaudilde lisonjero; |
| | que yo por contrapesar |
| | vuestros justos sentimientos |
| | añadiré a vuestras galas |
| | favores agora honestos. |
| | Esta banda de diamantes |
| (Dásela.) | tuvo a un príncipe por dueño |
| | que por vos pongo en olvido, |
| | mejorada ya de empleo. |
| | Honralda y después... |

(Sale Gascón y habla por las espaldas a Marco Antonio, creyéndole su amo.)

Gascón                                    Señor,
                        ricos, pobres, mozos, viejos,
                        damas, dueñas, calles, plazas,
                        fiestas, danzas... ¿Cómo es esto?

(Vuelve Marco Antonio y conócele Gascón.)

                        Vueselencia me perdone,
                        que como no ha muchos credos
                        que dejé a mi dueño aquí,
                        pensé —es mi oficio dar piensos—
                        que con vos se entretenía.

Marco Antonio           A ser vos no tan grosero,
                        pudiérades conocer
                        quién soy yo.

Gascón                              Tenéis los lejos
                        ducales y no estoy ducho
                        en examinar reversos
                        humanos porque chamuscan
                        a quien camina zaguero.
                        No soy derramaplaceres;
                        perdonadme, que ya os dejo;
                        paréntesis fui lacayo,
                        ni añado ni quito al texto.

(Quiérese ir.)

Sirena                  Esperad, ¿a quién servís?

| | |
|---|---|
| Gascón | Serví hasta aquí a un caballero<br>con no más que dos caballos,<br>mas ya se llama duqueso. |
| Sirena | ¿Criado del duque sois? |
| Gascón | Criado, si no a sus pechos,<br>a los de real y cuartillo,<br>que me hacen su racionero. |
| Sirena | Pues no os vais, que tengo mucho<br>que preguntaros. |

(A Marco Antonio.)

Al cuello
Marco Antonio este favor
lucid.

| | |
|---|---|
| Marco Antonio |     Añadid a premios<br>de oro, prendas de cristal;<br>sellad labios que soberbios<br>se alabarán presumidos<br>si los permitís abiertos. |

(Bésale una mano.)

| | |
|---|---|
| Diana (Aparte.) | (¿Hay locuras semejantes?) |
| Gascón (Aparte.) | (¡Zape! Sal quiere este huevo.<br>Si es amor, por Dios que escoge<br>mal Adonis vuestra Venus.) |
| Sirena | Dad, Marco Antonio, por mí |

|  |  |
|---|---|
|  | un recaudo al duque nuevo, |
|  | corto y tibio; que a esto obligan |
|  | enfadosos cumplimientos. |

| Gascón (Aparte.) | (¿Cumplimientos con enfado |
|---|---|
|  | a un duque, señor supremo |
|  | de Milán? Opilaciones |
|  | son de amor; saco el acero |
|  | que deshinche presumidas.) |

(A Marco Antonio.)

| Sirena | Correspondedme discreto |
|---|---|
|  | y advertid que os quiero mucho. |

| Gascón (Aparte.) | (¡Oh qué tonto mucho os quiero!) |
|---|---|

| Sirena | ¡Hola, el coche! |
|---|---|
| (A Gascón.) | Venid vos |
|  | conmigo. |

| Diana | Prima, ¿qué has hecho? |
|---|---|

| Sirena | Estratagemas amantes. |
|---|---|
|  | Diana, yo he dado en esto, |
|  | veamos en lo que para. |

| Gascón (Aparte.) | (Un mucho voy satisfecho, |
|---|---|
|  | que la he parecido bien; |
|  | hembra es en fin, yo soy hembro. |
|  | Quien a tal hombre hace cara, |
|  | en la opinión majadero, |
|  | si ha de escoger lo peor |
|  | escogeráme; apostemos. |

40

(Vanse.)

Fin de la primera jornada

## Jornada segunda

(Salen César y Carlos de luto mediano, y acompañamiento.)

César                          Yo estoy reconocido
a la lealtad y amor con que ha venido
la ciudad a ofrecerme
la corona ducal y a entretenerme
en las ostentaciones
festivas, que en aquestas ocasiones
a mis antepasados
dejaron aplaudidos y obligados.
Obsequias funerales
sentimientos de amor piden iguales;
que con honras funestas
no dicen, caballeros, bien las fiestas.
Cumpla el culto divino
en primero lugar con mi sobrino
y después darán muestras
con regocijos las lealtades vuestras;
que juzgo por azares
eslabonar placeres con pesares.

[Cortesano]             Alabe en vuestra alteza
Milán la discreción con la grandeza
y llámese dichoso,
señor que es heredero generoso
no solo deste estado
de las almas también, que en tanto grado
rinden agradecidas
a dominio de amor feudo de vidas.

(Vanse los [cortesanos].)

| | |
|---|---|
| César | Cúbrete, Carlos, agora. |
| Carlos | ¿Yo, señor? |
| César | En la igualdad<br>dijiste que la amistad<br>consistía; no lo ignora<br>quien si en público pudiera<br>hacer que te respetaran<br>todos y a mí te igualaran,<br>mi mismo poder te diera.<br>Cuando estás solo conmigo<br>indistinto de mí te hallo;<br>sé en público mi vasallo,<br>pero en secreto mi amigo.<br>Cúbrete. |
| Carlos | Servirte gusto. |
| César | No digas servir aquí. |
| Carlos | Cumplo tu gusto. |
| César | Eso sí;<br>no sirve, sino hace el gusto<br>de su amigo quien merece<br>tal nombre. Duque soy ya;<br>gozoso Milán me da<br>su corona y me obedece.<br>No me has de juzgar ingrato,<br>también tú has de ser marqués<br>de Monferrato. |
| Carlos | Los pies |

te beso. Mas Monferrato
    ya es pequeño para mí;
pues si con nombre de amigo
soy una cosa contigo,
distinguiéndome de ti
    de ese modo, no podrán
darme título de cuerdo
los que ven que marqués pierdo
el ducado de Milán.

César          Bien arguyes; serás pues
por ese mismo respeto
duque conmigo en secreto,
pero en público marqués.
        ¿Cómo te va con tu dama?

Carlos         Más a mi gusto se inclina
a mis ruegos.

César                    Si adivina
amor, profética llama,
    Carlos, que eres ya marqués
de Monferrato, no dudo
que lo que tu amor no pudo
pueda en ella el interés.
    ¡Ojalá hiciera la mía
otro tanto! Esta mudanza
crece en mí desconfianza:
¡Amor, ciega tiranía!
    No me puedo persuadir
que mujer que me desdeña
por ocasión tan pequeña
como es el verme asistir
    a tu amistad tenga amor.

Carlos

Si hasta agora no heredado,
dueño suyo te ha llamado,
siendo de Milán señor
    ¿quién duda que este respeto
grados a su amor añada?

César

Quien cual yo se persuada
que es la mujer un sujeto
    tan leve y sin fundamentos
que en su varia confusión
reinan, ciega la razón,
efímeros pensamientos.
    Jardín de diversas flores
que con inconstancia vana
nacen hoy, mueren mañana.
Desta suerte sus favores
    logra cualquier voluntad
que en mujer los vinculó,
y por esto se llamó
hermosa la variedad.

(Sale Gascón.)

Gascón

Aunque los que ejercitamos
ministerios inferiores
ni hablamos con los señores
ni retretes profanamos
    —el uso, excepción de leyes,
que en las comedias admite
porque el vulgo lo permite
hablar lacayos con reyes—
    esta vez, que por ser una
se me puede tolerar,

subo, gran señor, a dar
plácemes a tu fortuna.

César
    Admítolos. Yo os haré
mercedes; andad con Dios.

Gascón
«¿Os haré?» y «¿andad?» ¿Ya es vos
lo que tú hasta agora fue?
    Pues, vive Dios, que hubo día,
aunque des en vosearme,
que de puro tutearme
me convertí en atutía.

César
    Gascón, tu estancia es abajo;
vete y despeja.

Gascón
              Eso sí;
tú por tú, «vete» de aquí,
y no «andad» con tono bajo,
    que esto de vos me da pena.
Voyme; pero si te agrada
daréte yo una embajada
de la marquesa Sirena.

César
    ¿De quién?

Gascón
             No sé yo si amor,
si desdén, si celibato,
me dio el cargo en breve rato
de lacayo embajador.
    Dejéte con ella hablando
a los ribetes del río
y cumpliendo un desafío
del cochero estaba dando

un rentoy, cuando escuché
entre música festiva
decir: «¡César duque viva!».
Alegre el naipe solté,
    y viendo que en busca tuya
se despoblaba Milán,
salto como un gavilán
y luego todo aleluya
    creyendo hallarte con ella,
—conocíla por las faldas—
vi a un hombre por las espaldas:
El placer ¿qué no atropella?
    Los ojos me encantusó;
que era mi duque entendí,
las albricias le pedí;
pero al punto que volvió
    la cabeza, en testimonio
de lo que es una mujer,
llegué a ver —y qué mal ver—
tan privado a Marco Antonio
    que con el favor ufano
que la señora le dio
con los labios la ensució
las espaldas de una mano.

César             ¿En la mano de Sirena
labios Marco Antonio?

Gascón                 Sí.
Perdón cortés le pedí
y él, en lo hinchado ballena
    si en los méritos mosquito,
me dijo: «Sois un grosero».
Respondíle: «Caballero,

yo aquí ni pongo ni quito;
nací a oscuras y he quedado
grosero de conyunturas;
que madre que pare a oscuras
¿cómo puede hilar delgado?».
    Quise dejarlos, mas luego
que la marquesa advirtió
ser ministro tuyo yo
me manda que aguarde; llego
    a ver favores amantes
y miro que la Sirena
le echó al cuello una cadena,
si no banda, de diamantes.

César                ¿Qué dices, loco?

Gascón                     Una banda,
vive Dios, que vi a tu pecho
mil veces; y él, satisfecho
de necio, oye que le manda
    que viniendo a visitarte
cuando en tu presencia esté
muy corto y tibio te dé
un recaudo de su parte,
    sin más encarecimientos
ni muestras de regocijo;
porque a aquesto obligan —dijo—,
enfadosos cumplimientos.
    Despidióse y luego escucho
que dijo con tierno afecto:
«Correspondedme discreto
y advertid que os quiero mucho.»
    Porque vean lo que son
las mujeres, aunque sean

marquesas, y porque vean
la medra de su elección.
　　Partióse él favorecido
y llamándome la dama
me dijo: «A quien tibio ama
pone mi agravio en olvido.
　　Marco Antonio es voluntad
todo, y a mi amor sujeto
ni ocasiona su secreto,
ni me ofende su amistad».
　　«Pues a mí, señora mía,
¿tócame eso?» —la respondo—.
«Nunca me meto en tan hondo.
Gócele vueseñoría,
　　sin que se deshaga dél
un siglo, pues le escogió
cuerdo o necio, porque yo
no he de casarme con él.»
　　Replicóme: «Aquesto os digo
para que a vuestro señor
digáis; que en casos de amor
a quien tiene tal amigo
　　poco le desvelarán
venganzas de una mujer
y a mí menos el perder
la corona de Milán».
　　Picó con esto el cochero;
dejóme y viniendo aquí
lo pasado referí,
relator y mensajero.
　　Y agora que del trabajo
presente me descargué,
los altos despejaré
por los países de abajo.

(Vase.)

César           ¿Ves, Carlos, cómo ha salido
verdadero mi temor?
¿Cómo no me tiene amor
Sirena? ¿Cómo ha fingido
   achaques y cómo es cierto
que es Marco Antonio el dichoso?
Pues dámele tú achacoso
que yo te le daré muerto.

Carlos          Admiro en tal discreción
tan desatinado empleo,
puesto que en la mujer veo
la heredada imperfección
   de nuestra madre primera
que escogió, como mujer,
lo que nos echó a perder.
La marquesa es su heredera,
   y hala querido imitar;
pero anime tu venganza
el ser la mujer mudanza
y que al fin se ha de mudar
   Sirena.

César               ¿Y eso es bastante?
Pudieras, Carlos, saber,
si es mudable la mujer
que en solo el mal es constante,
   y que con tales desvelos
es ya mi pena mayor.
¡Qué mal nacido es amor
pues que se aumenta con celos,

enflaquece con regalos
y con disfavores crece!
Esclavo, aunque es dios, parece
pues hace virtud a palos.
    ¿Qué he de hacer?

Carlos                                De mi consejo,
fingir rigores conmigo;
pues viéndote mi enemigo
y que tu privanza dejo,
    si es ardid de su desdén
el probarte contra mí,
podrá ser se ablande así
y pague en quererte bien.

César          Carlos, no me des disgusto;
no es amor lo que es porfía
ni se funda en tiranía
la ley suave del gusto.
    Yo adoraré su hermosura
sin desdorar mi valor
y aborreceré en su amor
el tema de su locura.

(Sale Marco Antonio muy de gala con la cadena de Sirena.)

Marco Antonio     Aunque mis gratulaciones
no sean de las primeras,
gran señor, y prevenciones
adelanten lisonjeras
festivas ponderaciones,
    por mías se estimarán
no obstante que lleguen tarde.
Mil años goce Milán

                              esta dicha.

César                           Dios os guarde.
                          ¿Cómo venís tan galán
                             a verme cuando este estado
                          por el dueño malogrado,
                          que en tierna edad se le ha muerto,
                          de cuerdo luto cubierto
                          sentimientos ha mostrado
                             dignos del postrer tributo
                          que deben los caballeros
                          a su señor absoluto?
                          Parabienes de herederos
                          son parabienes de luto.

Marco Antonio             Gran señor, inadvertencia
                          de amante favorecido
                          culpó mi poca experiencia.
                          Quiero bien; precepto ha sido
                          entrar así en su presencia
                             de una dama.

César                                 En los amantes
                          no son disculpas bastantes
                          las que en tales ocasiones
                          deslucen obligaciones.

Marco Antonio             Esta banda de diamantes
                             me echó al cuello y me mandó
                          que con ella a vuestra alteza
                          visitase.

César                            Bien sé yo
                          que aborreciendo firmeza

|                    | de diamantes os la dio. |
|--------------------|-------------------------|
| (A Carlos aparte.) | ¡Ay Carlos, que estoy perdido |
|                    | a no vengarme, obligado |
|                    | por ser duque, y en su olvido |
|                    | a morir disimulado |
|                    | y a no quejarme ofendido! |
| (A Marco Antonio.) | Amante sois puntual; |
|                    | no me ha parecido mal |
|                    | que así cumpláis vuestro amor. |

Marco Antonio   Háceme mucho favor
la marquesa del Final.

César      ¿Que en vos logra su cuidado
la marquesa? ¿Y llevará
bien el que la hayáis nombrado?

Marco Antonio   ¿Pues no, señor? Claro está;
que trayéndoos un recado
 de su parte me consiente
alardes de su hermosura.
Dice que por el presente
estado os dé la ventura
laureles, que en vuestra frente
 multipliquen en Milán
cuantas coronas están
por el mundo repartidas,
porque las gocéis unidas
con el imperio alemán.

César      Decilde vos a Sirena
que de su cuerda elección
la doy yo la enhorabuena;
que escogió a satisfacción

|                      | de todos; que quien ordena |
|----------------------|---------------------------|
|                      | de sus afectos tan bien |
|                      | no nos deja qué cuidar; |
|                      | que admito su parabién |
|                      | y que os pudiera envidiar |
|                      | quereros tal beldad bien, |
|                      | si el cargo destos estados |
|                      | dejara desocupados |
|                      | pensamientos inferiores |
|                      | que ya en materia de amores |
|                      | se retiran jubilados; |
|                      | y que he de ser yo el padrino |
|                      | desposándose con vos. |
| (A Carlos aparte.)   | ¡Ay Carlos, qué desatino! |

| Marco Antonio | Guarde a vuestra alteza Dios, |
|---------------|-------------------------------|
|               | que puesto que soy indigno |
|               | de tal merced le prometo |
|               | reconocella leal |
|               | y desde agora la aceto. |

| César | Si sois marqués del Final, |
|-------|----------------------------|
|       | tendrá un señor muy discreto. |

(Vase [Marco Antonio].)

| Carlos | Ya de tu desasosiego |
|--------|----------------------|
|        | la cura eficaz hallé; |
|        | que más alcanza quien ve |
|        | que el que se ocupa en el juego. |
|        | Ni Sirena te aborrece, |
|        | ni mi amistad la da enojos, |
|        | ni en Marco Antonio los ojos |
|        | pone, ni le favorece. |

Por tenerte inclinación
con ardides te conquista
su amor; sé buen estadista
y lograrás tu afición.
    Mujer que estima el secreto
de su amor de suerte en ti
que le recela de mí,
si no te quiere ¿a qué efeto
    mandarle publicar pudo
a este necio opositor,
en él pregonero amor
y en ti solamente mudo?
    Sin más causa, no lo creas.
Obligarle a visitarte
con recaudos de su parte
para que en su cuello veas
    prendas de quien dueño fuiste;
permitir su desenfado
delante de tu criado
las cosas que agora oíste,
    no está fundado en desdén
si reparan tus desvelos
en que ninguno da celos
a lo que no quiere bien.

César             ¿Pues en qué puede estribar
que se deleite Sirena,
Carlos, en darme a mí pena?

Carlos            Descuida el asegurar
    y aviva mucho el temer.
Vete Sirena ensalzado,
por duque reverenciado
y casi real tu poder;

dificulta su esperanza
al paso que vas creciendo,
y amor por celos subiendo
lo más remontado alcanza.
    A más subir, más escalas
para alcanzarte procura,
porque a tan sublime altura
mal volará amor sin alas.
    En esta razón de estado
funda todo su rigor.

César          De su filósofo amor
pienso que en la causa has dado;
    y sírveme de consuelo
el imaginar que así
no se desdeña de mí
quien viviendo con recelo
    de que me puede perder
celos pone de por medio.
Confiésote que es remedio
de tan eficaz poder
    que igualmente crece en mí,
Carlos, mi amor con mi agravio.

Carlos         Pues aprovéchate sabio
de sus armas.

César                          ¿Cómo así?

Carlos         Finge amar en otra parte,
que celos en competencia
donde hay menos resistencia
vencedor han de sacarte.
    Sirena es mujer; no puede

siéndolo disimular
su menosprecio y pesar;
fuerza es que vencida quede.
   Amante que fue querido
y ruega menospreciado
muestras da de afeminado
cuando se humilla ofendido;
   y no has de ser tú tan necio
que ruegos en tal sazón
animen su presunción
y engendren su menosprecio.

César
   ¡Qué experimentado estás
en amorosos desvelos!

Carlos
Batallen celos con celos;
veremos quién puede más.

César
   Alto, yo he de obedecerte.
Mas ¿a quién elegiré
para eso?

Carlos
         Yo te daré
dama para merecerte,
   digna de humillar el seso
más libre, cuya presencia
a Sirena en competencia
desvele.

César
        No digas eso,
   que en Sirena aventuró
la hermosura su caudal.

Carlos
   ¿No merece ser igual

                    la que en Valencia del Po
                        es condesa? ¿No es Narcisa
                    hermosa competidora
                    del Sol de quien es aurora?

César               Carlos, es cosa de risa
                        compararla con Sirena.
                    Alabo su perfección,
                    celebro su discreción
                    y sé que Narcisa es buena
                        para que en ausencia suya
                    encarezcas su favor,
                    mas no para que en mi amor
                    por Sirena sustituya.

Carlos              No disputemos en eso;
                    solo intento que con ella
                    pruebes en tu dama bella
                    si celos quitan el seso.
                        Prima es de Victoria.

César                                   Ordena
                    a tu voluntad la mía;
                    que si de la tiranía
                    triunfo por ti de Sirena
                        y tus trazas me aseguran
                    de su severo rigor,
                    sabré que en males de amor
                    celos con celos se curan.

(Vanse.  Salen Narcisa y Alejandro.)

Narcisa             No has de salir al torneo
                    si deseas darme gusto.

| | |
|---|---|
| Alejandro | En él, Narcisa, me empleo; |
| | mas mi palabra no es justo |
| | que por cumplir tu deseo |
| | se quiebre. |
| | |
| Narcisa | ¿Por qué has de dar |
| | palabra tú sin tener |
| | mi licencia? |
| | |
| Alejandro | No has de usar |
| | de tu amoroso poder |
| | tanto que no des lugar |
| | a que cumpla mi valor |
| | con la obligación mayor |
| | que como vasallo debo |
| | en Milán al duque nuevo. |
| | Sus límites tiene amor |
| | en materia de quererte, |
| | de agradarte, de servirte; |
| | mi gloria es obedecerte, |
| | mi regalo divertirte |
| | y mi tormento ofenderte. |
| | Pero en lo demás ya ves |
| | que soy libre. |
| | |
| Narcisa | No se ofende |
| | desto quien firme amante es, |
| | que amor a todo se extiende; |
| | y aunque en ese tema des |
| | dudo por lo que te quiero |
| | desgracias, que en tales fiestas |
| | un accidente ligero |
| | les vuelve tal vez funestas; |

y vistiéndose de acero
   no sé yo quién las ha dado
ese nombre mal fundado;
que fiestas si dellas gustas
en vez de telas de justas
visten telas de brocado.
   ¿Ves como tiene el amor
derecho para mandarte
que no salgas?

Alejandro                    Tu temor
puede, mi bien, disculparte.
Yo he de ser mantenedor;
   colores me puedes dar
con que animes mi esperanza.

Narcisa        Mas que por este pesar
has de obligar mi venganza...

Alejandro      Ea, deja de amenazar,
   que cuanto más propusieres
olvidarme más me quieres.

Narcisa        Dame penas confiado;
sabrá tal vez tu cuidado
lo que es agraviar mujeres.

(Sale Carlos.)

Carlos         En fe de lo que os estima
mi reconocido amor,
que ya por vuestro favor
alcanza el de vuestra prima,
   Narcisa hermosa, no tengo

por contento el que hoy recibo
si del parabién me privo
que a recibir de vos vengo.
   César, duque deste estado,
y tan amigos los dos
¿quién duda que me deis vos
plácemes de su privado?

Narcisa            Deseaba, Carlos, yo
de manera vuestro aumento
que al instante mi contento
las albricias me pidió;
   que ya dobladas serán
pues, si no hay cosa partida
en amistad tan unida,
siendo duque de Milán
   y gratulándoos a vos
parabienes desobligo,
pues dándolos a su amigo
en uno cumplo con dos.
   El cielo en César aumente
estados que vos gocéis.

Carlos            Como licencia me deis
para cierto caso urgente
   aparte os quisiera hablar,
si Alejandro lo permite.

Narcisa           Alejandro siempre admite
lo que yo suelo estimar.

Alejandro         Y más siendo vos a quien
tanto yo servir deseo.

| | |
|---|---|
| Carlos | Siempre, señora, me empleo<br>en lo que ha de estaros bien. |
| Alejandro (Aparte.) | (¿Que le está bien a Narcisa<br>y que no lo sepa yo?<br>Sospechas, mal sosegó<br>amor que al recelo avisa.<br>   ¡Vive Dios que voy dudoso!<br>¡Oh mar de amor, leve esfera,<br>qué poca ocasión altera<br>las olas de tu reposo!) |

(Vase.)

| | |
|---|---|
| Carlos |    Condesa, esta universal<br>deidad, que todo lo abrasa,<br>ha traído a vuestra casa<br>al nuevo duque; su mal<br>   solo en vuestra discreción<br>espera remedio. |
| Narcisa |                ¿En mí?<br>Carlos, jamás preferí<br>el oro a la inclinación;<br>   yo se la tengo a quien puede<br>quejarse de vos. |
| Carlos |                  Señora,<br>no os alteréis hasta agora;<br>que sin que Alejandro quede<br>   de su amor desposeído,<br>ni vos el nombre temáis<br>que constante eternizáis,<br>lo que por el duque os pido |

es tan sin riesgo del daño
que prevenida teméis...
como dél mismo sabréis,
que entra a veros.

Narcisa
                                    Si es engaño,
                    Carlos, perderéis conmigo
                    mucho crédito los dos.

Carlos            Ni es contra él, ni contra vos
                    y es todo en bien de mi amigo.

(Sale César galán, como de noche.)

César             Privilegios de la noche
                    divierten, Narcisa bella,
                    enfados y gravedades
                    que cuanto autorizan pesan.
                    Partieron jurisdicciones
                    el día y la noche quieta;
                    aquel negocios librando
                    y entretenimientos ésta.
                    Tanto destos necesito
                    que habéis de darme licencia
                    para que en vuestra hermosura
                    hallen puerto mis molestias.

Narcisa           Como yo sea tan dichosa
                    que en esta casa entretenga
                    sin agravio de mi fama
                    sus pesares vuestra alteza,
                    podré con ese favor
                    dar envidia a la soberbia,
                    calidad a quien la habita

y alabanza a su llaneza.
A lo menos yo, entre tanto
que tal merced gozo en ella,
quisiera como de duque
darle de rey norabuenas.

César            Todo lo que yo valiere
como vos gustéis, condesa,
a vuestra disposición
tendrá ventura más cierta.
¡Ay Narcisa, y qué engolfado
en agravios, en sospechas,
en desprecios y en venganzas
vengo a que me saquéis dellas.

Narcisa        ¿Yo, gran señor?

César                      Sola vos
habéis de ser contrayerba
del veneno que me abrasa,
del fuego que me atormenta.
Esa discreción hermosa,
esa hermosura discreta,
castigo tiene de ser
de presunciones protervas.
Si vos no, ¿quién puede darme
victoria en tan ardua guerra,
vida en tan mortal peligro,
gloria en tan ingratas penas?

Narcisa        Haced, suplícoos señor,
generosa resistencia
a ímpetus desiguales
si es bien que el valor los venza.

Vos sois mi señor, mi duque,
yo humilde vasalla vuestra,
ciego amor, vidrio la fama.
¡Triste de mí si se quiebra!

César

No acertáis, Narcisa hermosa,
mi mal; de causa diversa
proceden los desatinos
que mi paz desasosiegan.
Estad segura de quien,
si como me llamo César
y soy duque de Milán
de los dos polos lo fuera,
ni descortés a hermosuras,
ni pretendiente por fuerza,
ni cansado aborrecido,
ni ingrato a correspondencias,
diera a agravios ocasiones,
motivo a plumas y lenguas,
deslucimiento a mi sangre,
ni a mis oprobios materia.
Otra hermosura me abrasa
y solo estriba en la vuestra
el remedio de mi vida.

Narcisa

Declárese vuestra alteza.

César

La marquesa del Final,
por recíproca influencia
del cielo, por su hermosura,
por mis desdichas dijera,
si no agraviara elecciones
que aunque desdenes padezcan
empleos dichosos logran

por lo altivo que contemplan...
Sirena en fin, que en las sirtes
de amor a los que navegan
para anegar voluntades
fue en nombre y obras sirena,
correspondiente al principio
a pretensiones honestas,
agradecida a secretos
y amorosa a diligencias,
de tal suerte entró agradable
en el alma que gobierna,
lisonjeando esperanzas
y cautivando potencias,
que adorando esclavitudes
la aclamaron por su reina
deseos, vulgo de amor,
que ignorantes se sujetan.
Tirano fue cauteloso
que haciendo mercedes entra,
destruyendo vidas sale;
mas ¡ay cielos! si saliera
del pecho ¿qué me faltaba?
Leyes propuso severa,
ofendióse de amistades
y menospreció firmezas.
Heredé en esto a Milán;
¿quién, mi Narcisa, creyera
que aumentos de estados y honras
favores disminuyeran?
Crecí en dignidad, creció
en desdenes y en ofensas;
no siendo duque me amaba,
ya duque me menosprecia.
A un mozo bárbaro admite

tan pobre y falto de prendas
cuanto rico de venturas;
este me hace competencia.
Marco Antonio es el querido,
el menospreciado César;
mis dádivas le autorizan,
sus mudanzas me atormentan.
Fácil pudiera vengarme
a no envainar la prudencia
celos, armas prohibidas
en quien sin pasión gobierna.
Como me llama Milán
su señor, como respetan
ya lealtades, ya lisonjas,
por pisarla yo, la tierra,
júntanse mis menosprecios
a mis celosas sospechas
y de lesa majestad
delitos mi amor procesa.
Carlos que entrando a la parte
de mis prósperas y adversas
fortunas juzga por propias
las que publican mis quejas,
remedios busca eficaces
y discreto me aconseja
que castigando a mi ingrata
use de sus armas mesmas.
Que la dé celos con vos
dispone, Narcisa bella;
milagrosa medicina
si sale bien su receta.
Ya vos sabéis —perdonadme—
de cuán flaca resistencia
sois todas cuando ofendidas

si cuando amadas soberbias.
Mi salud estriba en vos;
sed mi dama en la apariencia,
ayudadme cautelosa,
dadme venganza discreta.
Como enfermo os pido vida,
como ofendido defensa,
como vuestro duque ayuda,
como mujer competencias.
Castigad ingratitudes
de quien vuestro sexo afrenta
y coronen vuestras plantas
el laurel de mi cabeza.

Narcisa          Puesto, gran señor, que es justo
que vuestros agravios sienta
y la elección que en mí hacéis
reconocida agradezca,
será razón ponderar
qué tales las famas quedan
de mujeres pretendidas
si los príncipes las dejan.
¿Paréceos, señor, a vos
que quien amante de veras
rehusaba desigualdades
las admitirá, si es cuerda,
agora dama de burlas
a los peligros expuesta
de los juicios ociosos
y sin el premio que esperan
desaciertos a esta traza?
¿Mi amante vos en las muestras?
¿Yo vuestro empleo en el nombre
y en la posesión Sirena?

No gran señor, tenga yo
más dicha con vuestra alteza
que debo de haber estado
con descréditos de necia.

César                      No os pido yo en perjuicio
de vuestra opinión, condesa,
livianas publicidades
que os desdoren pregoneras.
Ni esto puede durar mucho;
que celos son impaciencias
que en breve o mueren o matan;
larga paz tras corta guerra.
Sospeche no más mi dama
que ya vos lo sois; entienda
que amada favorecéis
y correspondéis honesta;
que si celosa prosigue
en mi agravio y en su tema
podrán sanar desengaños
lo que vislumbres enferman.
Si decís de no, matadme.

Narcisa             Digo que estoy ya resuelta
a ser dama titular
si en la propiedad tercera.
¿Qué tanto me dais de plazo
para que estas cosas tengan
fin? Que temo dilaciones
por lo que peligro en ellas.

César                      El plazo será tan corto
que con dos veces que os vea
favorecerme apacible

quien me enloquece severa
no os seré más importuno.

Narcisa

¿Y si a la noticia llegan,
de quien con lícito amor
me ha obligado, estas quimeras,
permitís, juramentado
que callará, darle cuenta
del papel que sustituyo?

César

¿Que amante tenéis?

Narcisa

Con deudas
de un siglo de voluntad
y dos años de asistencia.
Ya no os puedo negar nada;
que para que os encarezca
lo mucho que por vos hago
es bien daros esta cuenta.
Mirad el riesgo que corro.

César

Con obligaciones nuevas
me empeñáis. No sé si os diga
que lo siento y que me pesa.
¿Y quién es el venturoso?

Narcisa

Pregunta excusada es esa,
porque en amores de burlas
suelen celos causar veras.
No habéis de saber su nombre.

César

Ni yo gustaré que él sepa
secretos que desbaraten
el fin desta estratagema;

porque si tiene noticia
por él mi ingrata Sirena
de que es fingido este amor
cobrará su desdén fuerzas
y burláráse de mí,
sin que hacer sus celos puedan
la restauración debida
a mi posesión primera.

Narcisa               Digo, señor, que he de daros
gusto en todo.

(Sale Alejandro.)

Alejandro (Aparte.)           (No sosiega
de temores combatido
quien ama ni quien pleitea.
A Narcisa dijo Carlos,
quedando a solas con ella,
que en cosas que bien la están
su solicitud se emplea.
¿Cosas que están a Narcisa
bien y importa no saberlas
yo que la he rendido el alma?
¡Cielos! ¿Qué cosas son estas?

(Velos por las espaldas.)

¿Sola Narcisa con Carlos,
y ya con dos? ¿Y recelan
que sepa yo lo que tratan,
y me despiden? Sospechas
adivinaldo vosotras.)

César                 Esta sortija fue prenda
de quien me la dio mudable
porque aborrece firmezas.

(Pónesela en la mano.)

                               Mejórese en el cristal
desta mano; pruebe en ella
si para toque de celos
hay quilates de paciencia.

Alejandro (Aparte.)      (¡Vive el cielo que la ha dado
la mano en quien tuve puesta
la cifra de mi esperanza,
teatro ya de mi ofensa!
¿Sortijas liviana admites?
Si el interés tira piedras
que el poder en oro engasta
no me espanto que te venza.
¿Quién será el usurpador
de mis glorias? Que ya penas
juntaron flores a espinas
y inviernos a primaveras.)

(Llégase a Narcisa y vuelve la cabeza César.)

                               ¡Ah, Narcisa! En fin...

César                             ¿Qué es esto?

Alejandro          ¡Señor! ¿Aquí vuestra alteza?

César               ¿Sois dueño vos desta casa?

| | |
|---|---|
| Alejandro | No, señor. |
| César | Pues ¡qué licencia!<br>¿A tan excusadas horas<br>os osan abrir las puertas? |
| Alejandro (Turbado.) | Buscaba yo, gran señor...<br>digo que buscaba en ella<br>y hallé ya lo que buscaba,<br>porque hallando a vuestra alteza... |
| César | Sin querer decís verdades.<br>Andad, esperad afuera<br>si es que en mi busca venís. |
| Alejandro (Aparte.) | (Desdichas, salisteis ciertas.<br>¡César, duque de Milán;<br>Carlos, que en el bien se emplea<br>de Narcisa interesable;<br>ausente yo y mujer ella?<br>Ya pasáis de desengaños<br>imaginadas certezas;<br>ya envidia en el mar, Amiclas<br>teme fortunas de César.) |

(Vase [y vuélvese al paño].)

| | |
|---|---|
| César | ¿Que Alejandro es vuestro amante? |
| Narcisa | El confesároslo es fuerza.<br>A dos años de esperanzas<br>correspondo. |
| César | Sois discreta; |

|  | mucho merece Alejandro. |
|---|---|
| Narcisa | Y mucho es razón que sienta, |
|  | quien le quiere como yo, |
|  | los celos que de vos lleva |
|  | y que no se me permita |
|  | asegurarle. |
| César | Si aumentan |
|  | el amor antes doy causa |
|  | a que más, celoso, os quiera. |
| Alejandro (Aparte.) | (Perdido estoy, estoy loco; |
|  | y para que más me pierda |
|  | a que renueve mis ansias |
|  | me manda mi amor que vuelva.) |

(Sale Alejandro.)

| César | ¿Entradas asegundáis, |
|---|---|
|  | Alejandro? |
| Alejandro | La primera |
|  | se me olvidó, gran señor, |
|  | el daros la norabuena |
|  | del nuevo estado que agora, |
|  | porque el descuido no ofenda |
|  | deudas de la cortesía, |
|  | vuelvo a daros. |
| César | Diligencias |
|  | disculpables; no sé yo |
|  | que para que se agradezcan |
|  | parabienes cortesanos |

se den en casas ajenas.
Andad, dádmelos después
en palacio.

Alejandro (Aparte.)          (Añadid penas
a penas, pesares míos,
para que me anegue entre ellas.)

(Vase.)

Narcisa          ¿Es posible, gran señor,
que no juzguéis por las vuestras
las ansias con que Alejandro
culpa mi amor y firmeza?
¿Con él solo vos cruel?

César          Asegúroos que me pesa,
puesto que no os tengo amor,
que tanto Alejandro os quiera.

(Sale Alejandro.)

Alejandro          La marquesa del Final
sospecho que a veros entra.

César          ¿Pues quién os ha dado a vos
el cargo de paje o dueña?

Alejandro          Apeábase del coche
y para que la condesa
estuviese apercibida,
parecióme...

César          No os parezca

tan bien Narcisa, Alejandro...

(A él [César] aparte.)

Narcisa        Señor, ¿vuestra alteza intenta
               deshacer obligaciones
               o dar celos a Sirena?

César               Uno y otro.

(Aparte a César.)

Carlos                         Agora es tiempo
               que saquen a luz tus pruebas
               qué tanta jurisdicción
               tienen los celos.

(A ella [Narcisa] aparte.)

César                         Condesa,
               en vuestro engaño consiste
               la victoria desta empresa;
               satisfaced mis venganzas.

Narcisa        Dios me saque con bien dellas.

(Salen Sirena y Diana.)

Sirena         A amiga que se descuida
               tanto de mí justo fuera
               en venganza de su olvido
               ni visitarla ni verla.
               Pero puedan más en mí...

| Narcisa | Advertid que está su alteza<br>presente; llegad y hablalde. |
|---|---|
| Sirena | ¿Quién? |
| Narcisa | Nuestro duque, marquesa. |
| Sirena (Aparte.) | (¡Ay cielos! ¿A tales horas<br>y en tiempo que la grandeza<br>suele soñar majestades<br>tan comunicable César?<br>¿Qué es esto, temores míos?) |
| (A él.) | Augustos laureles sean<br>los estados, gran señor,<br>que aumenten el que hoy hereda. |

(Muy seco el duque [César].)

| César | Guárdeos Dios. |
|---|---|
| Sirena (Aparte.) | (¡Ay prima mía,<br>qué «Guárdeos Dios» tan a secas!) |
| Diana | Eslo toda majestad<br>porque es el Sol su planeta. |
| César | Daréisle, Narcisa, a Carlos<br>crédito siempre que venga<br>a renovar de mi parte<br>lícitas correspondencias.<br>Y entre tanto olvidad vos<br>las antiguas si interesan<br>méritos de la hermosura<br>coronas con que amor premia, |

y adiós.

Narcisa                    Ya es obligación,
gran señor, lo que antes era
voluntad y en una y otra
procuraré yo que sean
reconocimientos justos,
fiadores de tanta deuda,
abonados por humildes.

(Vanse César y Carlos. [Habla Sirena a Diana aparte].)

Sirena               ¿Qué cifras, prima, son estas?

([Habla Alejandro] a Narcisa aparte.)

Alejandro          Agora que mis agravios,
ojos hasta aquí, ya lenguas,
pueden libremente darte
parabienes entre quejas,
si puedes busca...

(Sale César.)

César                          Alejandro,
seguidme.

(Vase.)

Alejandro (Aparte.)      (¿Aun hablar me vedan?
Pues revienten dentro el alma
víboras de mis ofensas.)

([Habla a Narcisa].)

Busca, si puedes, disculpas...

(Sale Carlos.)

Carlos                          Alejandro, el duque espera.

Alejandro (Aparte.)             (Porque desespere yo,
                                pues aun quejar no me dejan.

(Vanse los dos.)

Narcisa                         Ven Sirena de mis ojos,
                                que cuando mis dichas sepas
                                palabras han de faltarte
                                en llegando a encarecerlas.

Sirena                          Si son las que yo he sacado,
                                Narcisa, por consecuencias,
                                parabienes te apercibo.
(Aparte.)                       (¡Ay Dios si ponzoña fueran!)

Narcisa                         ¿Ves este diamante, amiga?
                                Pues señal es su firmeza
                                de una voluntad que en él
                                sus esperanzas empeña.

([Sirena habla] aparte a Diana.)

Sirena                          Prima, ¿no adviertes, no escuchas,
                                no tocas perdidas prendas,
                                favorables a un ingrato
                                y ya en posesión ajena?
                                ¿Qué he de hacer?

**80**

| | |
|---|---|
| Diana | Llorar locuras |
| | y escarmentar hoy en pruebas |
| | de amor que salen tan caras. |
| | |
| Sirena | ¡Ay Diana, que voy muerta! |

(Vanse.)

Fin de la segunda jornada

## Jornada tercera

(Salen Narcisa y Sirena.)

Sirena
A esta casa de placer
te he querido convidar,
si en negocios de pesar
puede este nombre tener.
Atropelláronse ayer
tantas quimeras, Narcisa,
que aunque ambicioso me avisa
tu amor, que triunfa en palacio,
quise averiguar despacio
lo que te engaña deprisa.
Hallé a César en tu casa
tan tu amante en la apariencia
que al parecer tu presencia
le desatina y abrasa.
Si supieras lo que pasa
y que de puro celoso
busca en engaños reposo
y en tu hermosura venganzas,
marchitaras esperanzas
que malograr es forzoso.
Para aliviar accidentes,
de su sed mortal indicios,
busca el enfermo artificios,
flores siembra, finge fuentes;
y aunque algún rato presentes
le suelen causar sosiego
cnfádase dellas luego;
que fuentes artificiales
no aplacan sedes mortales
cuando está en el alma el fuego.

¿Nunca viste, si las llamas
aumentan la calentura,
que el enfermo lo que dura
congojado muda camas?
Todo es andar por las ramas,
pues al fin cuando aligera
el mal su efímera fiera,
aunque en él fiada estás,
despreciando las demás
se reduce a la primera.
　　Narcisa, la hidropesía
celosa le tiene así;
abrasado busca en ti
lo que en mi amor desconfía.
Mudando damas porfía
aliviar su ardiente pena
y a más rigor se condena
mientras su mal no le avisa
cuán mal curará Narcisa
calenturas de Sirena.

Narcisa　　　　　　Si no fueras más hermosa
que eres sabia en la doctrina
desa nueva medicina,
que alegas por milagrosa,
no estuviera yo celosa
de que haya sido tu amante
quien dices que es inconstante
porque de gustos mejora.
Basta, que das en doctora
no siendo ni aun platicante.
　　¿Agora, marquesa, sabes
que, si el duque —que lo dudo—
amarte primero pudo,

por más que en esto te alabes,
en enfermedades graves
tal vez el mal se destierra
mudando de aires y tierra;
y que César por sanar
de tu amor quiso mudar
desdenes que le hacen guerra?
   Si nunca bien le has querido
y su amor te daba enfado,
libre ya de su cuidado
¿qué buscas? ¿A qué has venido?
Su olvido paga tu olvido;
da a tu dicha parabienes,
prosigue con tus desdenes,
si no es que formando quejas
suspiras por lo que dejas
y no sueltas lo que tienes.

Sirena         ¡Bueno es que ya confiada
me aconsejes presumida,
desde ayer acá querida
y desde hoy asegurada!
Ni yo me juzgo olvidada
ni tu estás en posesión;
con menos satisfacción,
Narcisa, y sin dar consejos,
que el sembrar está muy lejos
de la cosecha y sazón.
   Ayer sembraste esperanzas,
deja arraigarlas primero,
que trae el tiempo ligero
temporales de mudanzas.
Pretensiones por venganzas
de amor no pueden durar.

¡Pobre de ti, si a mirar
vuelven risueños mis ojos
a quien doy severa enojos!
¡Qué fría te has de quedar!
    Mira; si César te dio
la sortija que le di
no fue por amarte a ti
mas porque la viese yo.
Cuando tan grave me habló
fingiendo severidades
entonces, oye verdades,
fulminando disfavores,
si salían dél rigores
paraban en mí humildades.
    ¿No advertiste que al volver
las espaldas se moría,
condesa, porque no vía
lo que despreciaba ver?
Nunca procures querer
amante que está celoso,
que a costa de tu reposo
probarás, si le admitiste,
que quien de ajeno se viste
el desnudarle es forzoso.

Narcisa    ¿No sabré, Sirena, yo
a qué propósito quieres
desperdiciar pareceres
en quien no te los pidió?
O quieres al duque o no.
Si no, ¿qué se te da a ti
que yo me despeñe así?
Si por él pierdes el seso,
marquesa, solo por eso

el alma toda le di.
    De una y otra suerte creces
llamas a mi amor primero;
porque le quieres le quiero,
también porque le aborreces.
En vano te desvaneces,
pues cuando yo no le amara
viendo que en esto repara
tu sospechosa impaciencia,
porque me haces competencia
el corazón le entregara.

Sirena              Sí harás, porque el amor necio
muestra quién es en sus obras;
hónrate tú con mis sobras;
ama a quien yo menosprecio;
para ti serán de precio
los desechos que yo arrojo;
viste lo que yo despojo,
mas mira que ha de costarte
la vida el determinarte,
Narcisa, a darme este enojo.

Narcisa              ¿Me amenazas?

Sirena                        Apercibe
armas contra mi cuidado.
No es cortés quien el criado
que uno desechó recibe.

Narcisa              César en mi pecho vivo.

Sirena              Pues ¿cuando en él le retrates,
merécesle tú aunque trates

|            | secar mi esperanza verde?                                                                                                      |
|------------|--------------------------------------------------------------------------------------------------------------------------------|
| Narcisa    | Perdida estás, y a quien pierde<br>se le sufren disparates.                                                                    |

(Salen Gascón y el Alcaide [con dos criados].)

| Gascón     | Yo puedo entrar donde quiera,<br>que soy para lo vedado<br>ministro privilegiado,<br>y mandarme salir fuera<br>es muy gran descompostura. |
| [Alcaide]  | Mayor libertad es esa;<br>que estando aquí la marquesa<br>del Final, cuando procura<br>que no entre nadie, es razón<br>ser cortés. |
| Sirena     | Hola, ¿qué es eso?                                                                                                              |
| Gascón     | ¡Oh mi señora! Este exceso<br>perdonad.                                                                                        |
| Sirena     | ¿Quién sois?                                                                                                                    |
| Gascón     | Gascón;<br>archilacayo ducal.                                                                                                   |
| Sirena     | ¿Pues qué pretendéis aquí?                                                                                                      |
| Gascón     | Síguese detrás de mí<br>el duque. No sé qué mal<br>le trae con melancolía;                                                      |

amores deben de ser.
Preténdese entretener
en la de vueseñoría
  casa de placer —así
jerigonzan critizantes—
enfádanle negociantes
y por si los hay aquí
  vine a despejar el puesto,
sin saber yo los favores
que en república de flores
libraba ese hermoso gesto...
  ¿Gesto? No es vocablo culto.
Ese aromático globo...
¿Globo dije? Soy un bobo.
Ese brillático vulto...
  Peor. Esa hermosa cara...
¡Cuerpo de Dios! Deste modo
se llama en el mundo todo.
Lleve el diablo a quien compara
  al padre de Faetón
los ojos y los cabellos,
rayos ensartando en ellos
las veces que rubios son.
  Golfo de ébano sutil
los cabos negros hacía
y al peine que los barría
llamó escoba de marfil;
  nieto al amor de la espuma,
y a un sacre que daba caza
en el aire a una picaza,
llamó corchete de pluma.
  Miren vuesirías dos
cuál anda ya nuestro idioma;
todo es brilla, émula, aroma,

                              fatal... ¡Oh, maldiga Dios
                                al primer dogmatizante
                                que se vistió de candor!

Sirena                        No deis en reformador
                              vos, que sois muy ignorante.
                                Pero decid, ¿César viene
                              a esta quinta?

Gascón                                      Una carroza,
                              señora, a solas le goza
                              con Carlos, que le entretiene
                                sin más acompañamiento,
                              y las cortinas corridas.

Sirena (Aparte.)              (Hoy sospechas mal nacidas,
                              averiguaros intento.)
                                ¡Hola criados!

(Han salido con el Alcaide otros dos.)

Alcaide                                        ¿Señora?

Sirena                        Ponedme este hombre a recado.

Gascón                        ¿A mí?

Sirena                                    Tenelde encerrado
                              lejos de aquí.

Gascón                                      Escuche agora;
                                ¿pues porque entré sin licencia?

Narcisa                       ¿Qué es lo que intentas hacer?

| | |
|---|---|
| Sirena | Llevalde. |
| (A Narcisa aparte.) | Quiero saber |
| | cuál en nuestra competencia |
| | de las dos es preferida. |
| | |
| Narcisa | Yo en eso no dificulto. |
| | |
| Gascón | Si es esto porque hablé culto |
| | ¡oh cándida luz bruñida! |
| | a la de tu apelo amor |
| | clemencia, que es, construido, |
| | a tu clemencia rendido |
| | apelo deste rigor. |
| | |
| Sirena | ¡Hola, llevalde! |
| | |
| Gascón | ¿Ha de haber |
| | tras esto —déjenme hablar— |
| | palmeamiento orbicular? |
| | Quisiera darme a entender |
| | hablando en estilo humano; |
| | ¿habrá azotaina? |
| | |
| Alcaide | No sé. |
| | |
| Sirena | Llevalde. |
| | |
| Gascón | Anoche soñé |
| | azotes en canto llano |
| | y por esto lo pregunto; |
| | porque son, la vez que sale |
| | sermón tras el dale, dale, |
| | azotes en contrapunto. |

(Llévanle.)

Narcisa

Pues dime, ¿qué dependencia
tiene tu averiguación,
marquesa, desta prisión?

Sirena

Quiero ver por experiencia
  si César finge quererte
por darme celos a mí
o si viene agora aquí
por hablarte y pretenderte.
  Si ignora, pues, que aquí estoy
y tu, estando yo escondida,
le disuades mi venida,
verás desengaños hoy
  que te den nuevo cuidado
conque yo segura esté.
Por esta causa mandé
retirar ese criado;
  que así por él no sabrá
que estaba agora contigo.

Narcisa

En fin, ¿dices que en castigo
del que tu desdén le da
  finge, por amartelarte,
que me quiere bien?

Sirena

                    ¿Pues no?
Estaba presente yo
anoche y fingió adorarte
  para que yo lo sintiese.
Verás ahora cuán mudado,
cuán tibio, cuán desganado,

**92**

te habla.

Narcisa
                    ¡Qué engaño es ése
tan donoso! ¿Pues tan poco
puede mi presencia, di,
que no le olvide de ti?

Sirena              Tiénenle mis celos loco.
                    No sepa el que yo aquí estoy;
verás qué al punto te deja.

Narcisa             Escóndete y apareja
paciencias; que yo te doy
    mi palabra que has de estar
rematada antes de mucho.

Sirena              Desde esta murta os escucho.
                    ¡Qué necia te has de quedar!

(Escóndese Sirena.)

Narcisa                 ¿No es bueno que comencé
de burlas estas quimeras
y que me pesa de veras,
que tan confiada esté
    Sirena de que es querida,
que adivine lo que pasa?
No es amor el que me abrasa;
mas de envidia estoy perdida,
    porque será caso recio
que en competencias de amor
salga el suyo vencedor
y el mío con menosprecio.
    ¡Oh celos! ¡Oh envidias fieras,

**93**

venenoso frenesí!
Si quitáis el seso así
de burlas ¿qué haréis de veras?

(Salen César y Carlos.)

César

Divirtamos majestades,
que atormentan si autorizan
pensamientos amorosos,
en la quietud desta quinta.
¡Qué de novedades quiere,
Carlos, amor que te diga!
Oye sus milagros.

Carlos

Paso,
señor, que está aquí Narcisa.

César

¿Quién?

Carlos

La condesa; tu dama
intrusa.

César

Su hermosa vista
puede tanto, amigo Carlos...

Carlos

¿Cómo?

César

No sé qué te diga.
Déjame a solas con ella.

Carlos

¿Pues quiéresla bien?

César

Se alivian
mis pesares con mirarla

|           | y mis celos se amortiguan. |
|-----------|-----------|
|           | Retírate. |

| Carlos | Que me place; |
|--------|----------------------|
|        | pero, ¿tan presto se olvidan |
|        | amores y más celosos? |

| César | Es muy bella y tengo envidia |
|-------|------------------------------|
|       | de lo que a Alejandro quiere. |
|       | Mira qué bien que se libran |
|       | los que me causa Sirena |
|       | si ya a pares me lastiman. |

| Carlos | No dejarás de medrar |
|--------|--------------------------|
|        | con esa mercaduría; |
|        | si al primer lance la doblas, |
|        | déte amor con ellas dicha. |

(Vase.)

| Narcisa | ¿Gran señor? |
|---------|--------------|

| César | Con ese nombre |
|-------|-----------------------|
|       | diera a mi ventura estimas |
|       | si lo fuera vuestro yo. |
|       | ¿Estáis sola? |

| Narcisa | En compañía |
|---------|---------------------------|
|         | de enemigos pensamientos, |
|         | contraria yo de mí misma, |
|         | aguardo desafiada |
|         | a Sirena, en cuya quinta |
|         | han de batallar sospechas. |

| | |
|---|---|
| César | Si mi amor os apadrina,<br>segura está la victoria<br>de vuestra parte. |
| Narcisa | No finja<br>vuestra alteza hasta que venga<br>favores que aunque mentiras<br>pueden engendrar verdades<br>en quien dellas necesita.<br>Presto Sirena vendrá. |
| César | Plegue a Dios, condesa mía,<br>que tantos estorbos tenga<br>que con ellos divertida<br>jamás agravie estas flores. |
| Narcisa | ¿Jamás? ¿Cuando en ella estriban,<br>desesperado en su ausencia,<br>apoyos de vuestra vida?<br>¿No es Sirena ídolo vuestro?<br>¿No la amáis? |
| César | Paso, solía.<br>Mucho pudieron ofensas<br>y mucho más vuestra vista.<br>Lo que yo podré afirmaros<br>es que habéis hecho en un día<br>más que en un año Sirena. |

(Desde donde está escondida [Sirena].)

| | |
|---|---|
| Sirena | ¿Qué estáis oyendo desdichas?<br>¿En un día la condesa<br>más que yo en un año? Altivas |

|  | presunciones amorosas, |
|---|---|
|  | por soberbias abatidas, |
|  | ¿esto escucháis sin vengaros? |

Narcisa (Aparte.)  (¿Qué es esto, estrellas benignas?
                    ¿Conmigo tan amoroso
                    César? ¿Si tiene noticia
                    de que la marquesa está
                    oyéndonos escondida
                    y finge por abrasarla
                    que me quiere y que la olvida?
                    Sin duda; que desde anoche,
                    cuando celos tiranizan
                    alma que está tan prendada,
                    mal sabrá olvidar antiguas
                    prendas de amor.)
(A él.)                         Bien podéis
                    señor, sin hablar enigmas
                    pues no ha llegado Sirena,
                    decirme vuestras fatigas.
                    ¿Cómo desde anoche os va?
                    ¿Fue eficaz la medicina
                    de nuestro ingenioso amor?
                    Vuestra prenda está perdida
                    de celos; no negaréis
                    que, aunque dama sustituida,
                    no hice mi papel anoche
                    con linda gracia.

César                           Y tan linda
                    que por serlo tanto vos
                    conoce la mejoría
                    mi amor de vuestra belleza
                    y a que os adore me obliga.

| | |
|---|---|
| Sirena | ¿Cómo es esto? ¿Luego fueron<br>ardides de sus malicias<br>las finezas con que anoche<br>dieron causa a mis envidias?<br>¿Luego fingieron amarse?<br>¡Ay sospechas mal nacidas;<br>si ya se quieren de veras,<br>muerto me han mis armas mismas! |
| Narcisa | Que no está aquí vuestra dama. |
| César | Estáislo vos. ¡Ay si mía<br>os pudiera llamar yo! |
| Narcisa | ¿Vos pensáis, señor, que os mira<br>Sirena o ensayáis celos<br>con que podáis reducirla<br>a la voluntad primera? |
| César | No sé en eso lo que os diga;<br>pero sea lo que fuere,<br>mostraos vos agradecida,<br>favorecedme agradable,<br>correspondedme propicia. |
| Narcisa | ¿Y han de ser burlas o veras? |
| César | Veras o burlas, prosigan<br>favores que por ser vuestros<br>como quiera son de estima. |
| Narcisa | Va de burlas. Yo os prometo<br>duque y señor... |

| | |
|---|---|
| César | No vendría<br>mal ahí un «dueño amado». |
| Narcisa | Vaya, porque en todo os sirva.<br>Yo os prometo, amado dueño,<br>que vuestra presencia, digna<br>de augustas estimaciones,<br>y en competencia la envidia<br>que Sirena me ha causado<br>han dado tal batería<br>desde anoche a mi sosiego<br>que si fui dama fingida<br>ya, celosa y agraviada<br>de que lo que solicitan<br>mis favores gocen otras,<br>es llanto lo que fue risa.<br>¿Para tan poco soy yo<br>que, habiéndome hallado digna<br>para que entre tantas damas<br>con la marquesa compita,<br>no podré comunicada<br>sacar del alma reliquias,<br>que si celos las conservan<br>desengaños las marchitan?<br>¿Sirena haciéndoos agravios,<br>yo sirviéndoos y que digan<br>que ella salió victoriosa<br>y que yo quedé vencida?<br>Si tal ofensa llegara<br>a ejecución, si su dicha<br>volviera a gozar las paces<br>que los celos reconcilian,<br>del modo que el alma agora |

sale a los ojos por cifras
de lágrimas, no dudéis
de que mi muerte las siga.

(Llora.)

César                    Pues ¿lloráis?

Narcisa                ¿No he de llorar
injurias no merecidas,
diligencias mal pagadas
y mudanzas no admitidas?

César             ¿Luego aquesto va de veras?

Narcisa        No señor, mas si lastiman
tanto de burlas ¿qué harán
celos de veras?

Sirena (Aparte.)       (Perdida
estoy. Salgamos agravios
a manifestar desdichas
que, si inventaron sospechas
para acechar celosías,
Perilo de sus tormentos
serán pues se martirizan
a sí mesmas y en su daño
padecen lo que averiguan.
Pero no; sepamos antes,
supuesto que fue fingida
la fábrica deste amor
que ya verdades confirman,
en qué estado estoy con César
y si lágrimas hechizan

voluntad que tan constante
blasonaba de ser mía.)

César        No lloréis soles hermosos,
             que quien perlas desperdicia
             no sabe lo que le cuestan
             a quien os ama sus Indias.
             Ya sean veras, burlas ya,
             vuelva a serenar la risa
             nublados tristes que esconden
             la belleza de sus niñas;
             que yo os juro, a fe de amante,
             si vuestros ojos porfían,
             puesto que en mí sea bajeza,
             que afeminado los siga.
             Ya Sirena está olvidada.
             Amor, todo maravillas,
             vuestra hermosura imperiosa
             y agravios que desobligan
             hicieron este milagro.
             Por su igual amante elija
             la marquesa a Marco Antonio
             que su presunción castiga.
             Mejórese en vos mi amor;
             mude señora a quien sirva,
             despídase de Sirena
             y sea esclavo de Narcisa.

Narcisa      ¿Y eso es ficción o es verdad?

César        ¿Qué sé yo? Como os imitan,
             burlas serán si os burláis
             y veras si así se estiman.

| | |
|---|---|
| Narcisa | ¿Amaréisme si yo os amo<br>ya de veras reducida<br>a despedir fingimientos? |
| César | Daré a mi ventura albricias. |
| Narcisa | ¿Y Sirena? |
| César | No os iguala. |
| Narcisa | ¿Si la veis? |
| César | Huiré su vista. |
| Narcisa | ¿Si os ruega? |
| César | Vengaré agravios. |
| Narcisa | ¿Si os llora? |
| César | Serán malicias. |
| Narcisa | Estáis celoso. |
| César | De vos. |
| Narcisa | ¿De mí? |
| César | Vuestro amor lo diga. |
| Narcisa | ¿De Alejandro? |
| César | Ése me abrasa. |

| | |
|---|---|
| Narcisa | ¿De Marco Antonio? |
| César | Me entibia. |
| Narcisa | En fin, ¿me amáis? |
| César | Os adoro. |
| Narcisa | Sois duque. |
| César | Vos sois más digna. |
| Narcisa | No os merezco. |
| César | Asentareisos... |
| Narcisa | ¿Dónde, César? |
| César | En mi silla. |
| Narcisa | ¿Por duquesa? |
| César | Y por mi esposa. |
| Narcisa | ¡Grande amor! |
| César | Voluntad limpia. |
| Narcisa | Dadme esa mano. |
| César | Y el alma. |

(Dánselas.)

| | |
|---|---|
| Narcisa | Ya sois mío. |
| César | Ya sois mía. |
| Narcisa | ¿Quién será mi dueño? |
| César | César. |
| Narcisa | ¿Quién lo asegura? |
| César | Mi vida. |
| Narcisa | ¿A quién dejáis? |
| César | A Sirena. |
| Narcisa | ¿Y a quién amáis? |
| César | A Narcisa. |

(Sale Sirena.)

Sirena
    Ya no pueden mis ojos
mirando agravios reportar enojos.
Desenlazad livianos
nudos de amor en fementidas manos,
que si este es nudo ciego
celos abrasan nudos, que son fuego.
¡Ah ingrato, ah leve amante,
a méritos de pruebas inconstante!
No en balde en ti temía
descréditos de amor el alma mía.
Probé tu fortaleza
por estimarte más; ¡qué rustiqueza

**104**

hacer en hombres prueba,
liviano pino al mar que el viento lleva!
¡De Narcisa vasallo!
Diamante te compré, vidrio te hallo.
¿Tu es bien que duque seas?
¿Tu blasonas valor? ¿Tu, que te empleas
en inconstancias leves,
no siendo hombre a regir hombres te atreves?
Desmentiste quilates.

César    Multiplica a tus celos disparates,
que en vano se llamaran
frenéticos sino desatinaran.
Sirena, ¿qué pretendes?
¿Logras mudanzas y firmezas vendes?
De ti dé testimonio,
pues eres su Cleopatra, Marco Antonio;
crece en él esperanzas
y deja que te imiten mis mudanzas,
pues tan agradecido
estoy a tu desdén, si no a tu olvido,
que me pesa deberte
la dicha apetecida de perderte
por el hermoso empleo
que con mejoras de mi bien poseo.

Sirena    Gózale muchos años
si merecen tal premio tus engaños;
pero advierte primero,
no que satisfacerte humilde quiero,
sino apoyar mi fama
que ofendida por ti leve se llama.
Yo deseosa, necia,
de ver en ti lo que el amor más precia,

fingí que te olvidaba
y en tu competidor tu fe probaba,
escogiendo un sujeto
soberbio, desigual, pobre, indiscreto,
porque más fácilmente
pudieras conocer, a ser prudente,
en sus desigualdades
por viriles de engaños mis verdades;
que no estoy yo contigo
en tan necia opinión que por castigo
de mi elección ligera
a hombre tan indigno amor tuviera.
Tus prendas añadieron
desméritos en él que a luz salieron,
porque como en la fea
más con las joyas la fealdad campea;
quise dar testimonio
con ellas de lo que era Marco Antonio.
Extraño fue este suceso,
mucho apurar tu amor, yo lo confieso;
pero como crecías
en majestad y las sospechas mías
sembraban desconfianzas
creí que despachándote libranzas
de celos aumentaras
caudales a tu amor y más me amaras;
que en la amorosa cuenta
ceros los celos son que la acrecientan
y cuantos más añada
más crece, aunque por sí no valen nada,
sacando mis desvelos
cuán parecidos son ceros y celos.
Yo, pues, que esto creía
a la unidad de amor celos ponía;

mas tú, porque presuma
tu poco amor, errástete en la suma.
Ya estoy escarmentada;
vuelve César, no valga cuenta errada
y acábense desvelos;
si en ellos te adeudé ya cobro en celos.

César          Marquesa, llegado ha tarde
vuestra excusa, aunque admitida;
que la victoria perdida
quien se disculpa es cobarde.
A tanto celoso alarde
y tropel de sinrazones
¿qué valen satisfacciones
en agravios mal seguros?
Asaltos combaten muros
y ofensas inclinaciones.
    En la mesa del amor
los celos son el salero,
que para ser verdadero
éstos le han de dar sabor;
pero advertid que es error
echar mucha al que es sencillo.
Con la punta del cuchillo
toma sal el cortesano,
porque con toda la mano
no es templallo, es desabrillo.
    Si sabe vuestra querella
que es fuego la sal que abrasa
y sembráis de sal la casa
¿cómo viviréis en ella?
Los celos, Sirena bella,
por ser de la sal trasunto
en pasando de su punto

no sazonan, mas maltratan.
¿Qué queréis, si celos matan,
de un amor que ya es difunto?

Narcisa          A menosprecios tan claros
                 ¿qué intentas aborrecida?

(A César.)

Sirena           Permitid por despedida
                 que aparte merezca hablaros.

(A Narcisa.)

César                Confirmad con retiraros,
                     Narcisa, mi firme amor.

Narcisa          Harélo, mas con temor
                 de que os he de hallar mudado.

César                No se muda amor rogado
                     si llega tarde el favor.

(Retírase Narcisa.)

Sirena               En fin, César, ¿por querer
                     probaros he de perderos?

César                Añadisteis tantos ceros
                     que ya es imposible hacer
                     la cuenta.

Sirena                    Solía yo ser
                     dueño vuestro.

César                         Pasó ya
                    ese tiempo.

Sirena                              ¿Pena os da
                    perderme?

César                              Todo se olvida.

Sirena                  ¿Y si me costáis la vida?

César                  Marco Antonio os llorará.

(Sale Alejandro de jardinero y llégase a Narcisa.)

Alejandro                Disfrazado y escondido,
                    mudable, escuché contratos
                    de tus términos ingratos
                    contra mi amor ofendido.
                        ¿Para qué finges quimeras
                    cuando de mi fe te burlas?
                    Comenzaste a amar de burlas,
                    ya me das muerte de veras.
                        Vencerte el interés pudo
                    de un duque; que eres mujer
                    y tu amor ya mercader
                    aunque se pinta desnudo;
                        que de vuestra compañía
                    ¿qué otra cosa ha de sacar
                    si no es vender y comprar?
                    Mas ¡quién de palabras fía
                        de mujeres!

Narcisa                             Loco vienes;

|            |                               |
|------------|-------------------------------|
|            | mira el peligro en que estás. |
| Alejandro  | No quiero ya vivir más;<br>máteme el duque, pues tienes<br>    gusto desto. |
| Narcisa    |                       Vuelve en ti. |
| César      | ¿Qué es eso? |
| Narcisa    |                   Es el jardinero. |
| Alejandro  | Fuilo de amores primero,<br>sembré lo que no cogí.<br>    Alejandro soy; ¿qué esperas?<br>La muerte me manda dar;<br>morir quiero y no aguardar<br>burlas que abrasan de veras. |
| César (Aparte.) | (¡Oh celosa competencia!<br>Ya Sirena restauraba<br>el alma que la olvidaba, |
|            | —mas ¿qué no hará su presencia?— |
| (Apártase de Sirena.) | y cuando en llama remisa<br>iban creciendo desvelos<br>tocaron alarma celos<br>y abrásome por Narcisa. |
| (A Alejandro.) | Atrevimientos de amor<br>dignos son de perdonar;<br>del jardinero es sembrar<br>y de otro gozar la flor.<br>    Y si vuestra queja estriba<br>en serlo vos, mal lo hacéis;<br>que el jardinero, ya veis, |

que para sí no cultiva.
Narcisa ha de ser duquesa
de Milán.

(Sale Marco Antonio y llégase a Sirena.)

Marco Antonio                Sirena mía;
como sin vos no vivía,
amor, que solo profesa
    adoraros...

César                    ¡Marco Antonio!
¿también estáis acá vos?

(Aparte.)          (Celoso yo entre los dos
dará mi amor testimonio
    de la confusión extraña
en que me pone mi pena.
Dándome celos Sirena
la adoro cuando me engaña;
    dándome Narcisa celos
por ella a Sirena olvido,
y yo en las dos dividido
bandos formo de recelos.
    Neutral a entrambas deseo
sin determinar ninguna;
celos me abrasan en una,
celos en la otra empleo,
    y de una y otra celoso
muere amor donde comienza.
Indiferente estoy; venza,
celos, el más poderoso.)

(Sale Carlos.)

**111**

| | |
|---|---|
| Carlos | El embajador de Francia<br>viene en tu busca, señor. |
| César (Aparte.) | (Divierta el embajador<br>las penas de mi ignorancia.)<br>Marco Antonio, acompañadme;<br>venga Alejandro conmigo. |
| (Aparte.) | (Yo soy mi mismo enemigo.<br>Celos, morid o matadme;<br>no eslabonéis la cadena<br>de mi muerte tan aprisa.) |
| (A Carlos.) | Muero, Carlos, por Narcisa<br>y enloquéceme Sirena. |

(Vanse los cuatro.)

| | |
|---|---|
| Narcisa | Ya confesarás que estás<br>vencida, si opositora. |
| Sirena | Yo sé que César me adora;<br>presto mis dichas verás. |
| Narcisa | Sé yo que te menosprecia. |
| Sirena | Quien bien ama tarde olvida. |
| Narcisa | ¡Qué necia por presumida! |

(Vase Narcisa.)

| | |
|---|---|
| Sirena | ¡Qué presumida por necia! |

(Sale Diana.)

| | |
|---|---|
| Diana | Pues, prima mía, ¿en qué estado quedamos? |
| Sirena | En el peor. Costosas pruebas de amor mi paciencia han apurado. Ya se acabó mi esperanza, ya se remató mi seso. |
| Diana | ¿Qué dices? |
| Sirena | Solo intereso morir y tomar venganza. |
| Diana | ¿De qué suerte? |
| Sirena | A costa mía a Marco Antonio he de dar la mano y así vengar mi agravio, pues desvaría el duque celoso dél. |
| Diana | Eso es castigarte a ti. |
| Sirena | Necia en hacer pruebas fui; el remedio fue cruel, pero pues vencida salgo y erré en la sustancia y modo atorménteme a mí todo y siéntalo César algo. |
| Diana | Tendrá la dicha del necio Marco Antonio desa suerte. |

Sirena

Celos me darán la muerte:
si a manos de un menosprecio
he de morir ofendiendo
y ofensas de amor vengando,
moriré, prima, matando
y no viviré muriendo.
    Ya no hay consejo ninguno;
no te canses con cansarme;
dos ojos he de sacarme
por sacarle a César uno.
    Vamos.

(Sale Alejandro.)

Alejandro

Marquesa, escuchad,
y los dos menospreciados
comuniquemos cuidados
de una misma actividad.
    Celos del duque sentís,
celos de Narcisa siento;
uno mismo es el tormento
que disimulo y sufrís.
    Juntemos los dos caudales
y aunque hay tanto estorbo en medio
seamos en el remedio
como en la desdicha iguales.
    César, celoso, intentó
vengarse de vos con celos
y a costa de mis desvelos
lo que de burlas trazó
    de veras salió en mi daño.
Que bien me queréis fingid;
venza un ardid a otro ardid,
salga un engaño a otro engaño.

**114**

Narcisa es vuestra enemiga
y quedando vencedora
por cobarde opositora
mereceréis que os persiga.
   Yo sé que si os ve mi amante
y que los dos nos queremos
los celos que padecemos
nos den venganza bastante.
   Mueran del mal que morimos;
desvelos causen desvelos,
cúrense celos con celos
y sientan lo que sentimos.

Sirena            Eso, Alejandro, trazaba
                  y ya buen fin me prometo;
                  solo mudaré sujeto.
                  Con Marco Antonio intentaba
                     casándome, ¡qué locura!,
                  comprar tormentos por darlos;
                  mejor podré ejecutarlos
                  con vos. ¡Ay si hallasen cura
                     nuestros males desta suerte!

Alejandro         Todo es vida hasta morir.
                  Narcisa lo ha de sentir
                  infinito y no es tan fuerte
                     César que encubra rigores
                  que desatinan los sabios,
                  ni disimulan agravios
                  deste porte los señores.
                     Pues los nuestros se conjuran
                  probaremos si es verdad
                  que en aquesta enfermedad
                  celos con celos se curan.

(Vanse. Salen Marco Antonio y Narcisa.)

Marco Antonio          El duque me prometió
                       ser en mis bodas padrino
                       y no sé por qué camino
                       mi suerte desbarató
                            ese principio dichoso.
                       La marquesa favorece
                       mi amor, puesto que parece
                       que trata menos gustoso
                            este casamiento. En vos,
                       Narcisa hermosa, consiste
                       mi dicha; César asiste
                       a vuestro amor y en los dos
                            correspondiente su llama.
                       La corona milanesa
                       os venera su duquesa;
                       ¿qué le pediréis, si os ama,
                            que os niegue el duque? Pedilde
                       que pues con vos se desposa
                       su palabra generosa
                       me cumpla, porque yo humilde
                            si a mi favor os obligo
                       en la intercesión presente
                       os deba a vos solamente
                       la dicha y bien que consigo.

Narcisa                Si el duque palabra os dio
                       de apadrinaros y ordena
                       daros la mano Sirena
                       no haré, Marco Antonio, yo
                            mucho en disponerle en eso.
                       Suplicaréle que acorte

**116**

plazos y honre nuestra corte
con bodas de que intereso
    más de lo que vos pensáis.
Ya es de noche, yo os prometo
poner mañana en efeto
todo lo que me mandáis.

Marco Antonio     Siendo vos mi protectora
                  ya cesó el recelo en mí.

Narcisa           Pienso que el duque está aquí.

Marco Antonio     A buena ocasión, señora,
                      viene; aprovechad en ella
                  el bien que espero por vos.

Narcisa           Harélo así; andad con Dios.

Marco Antonio     Sed piadosa, pues sois bella.

(Vase.  Sale el duque [César].)

César                 Cosas de tanta importancia
                  como son las del sosiego
                  si no se ejecutan luego
                  entíbiala la distancia
                      del tiempo, Narcisa mía;
                  que no es perfeto el amor
                  que tiene competidor
                  y negocia a sangre fría.
                      Lo que se quiso primero
                  o tarde o nunca se olvida;
                  está Alejandro sin vida
                  de celos y considero,

si oís una vez su pena,
que os reconciliéis los dos
haciendo Alejandro en vos
lo que casi en mí Sirena.
　Atajar inconvenientes
es el consejo más sano.
Hoy me habéis de dar la mano,
nuestros contrarios ausentes,
　para desterrar así
las reliquias que han dejado.

Narcisa　　　　Ya yo las he desterrado;
haced, gran señor, de mí
　como de quien os confiesa
por su dueño y su señor;
y asegurando mi amor
advertid que la marquesa
　y Marco Antonio me han hecho
su intercesora con vos.
Quieren casarse los dos,
estando vos satisfecho
　y apadrinando su boda.
Permitildo.

César　　　　　　En hora buena;
mas ¿sabéis vos que Sirena
gusta de eso?

Narcisa　　　　　　Milán toda
sabe el amor que le tiene;
buen testigo habéis vos sido.
Sirena esto me ha pedido.

(Sale un Paje.)

**118**

| | |
|---|---|
| Paje | Sirena, señora, viene<br>a veros. |

(Vase el Paje.)

| | |
|---|---|
| César<br>(Aparte.) | No me halle aquí.<br>(Escondido quiero ver<br>si celosa una mujer<br>y despreciada de mí<br>  se puede determinar<br>a tan loco arrojamiento.<br>¡Oh celos, vuestro tormento<br>la vida me ha de quitar!) |

(Escóndese César y salen Sirena y Alejandro. [Habla Sirena a Alejandro aparte].)

| | |
|---|---|
| Sirena | Yo sé que el duque entró aquí. |
| Alejandro | Disimula, si procuran<br>los celos que celos curan<br>curar nuestro frenesí. |
| Narcisa | ¡Pues, Marquesa, a tales horas<br>no se admiten desafíos! |
| Sirena | No, mas hácense amistades<br>que turbaron desatinos.<br>Tan avergonzada vengo,<br>Narcisa, de haber desdicho<br>mi estimación de enterezas,<br>nobles en mí a los principios,<br>que de mí misma agraviada |

he tomado por castigo
el venirte a dar gozosa
plácemes que por ser míos
harán tus dichas mayores.
Goces a César mil siglos
de amantes y honestos lazos
que amor dilate con hijos.

Narcisa        Guárdete, marquesa, el cielo
otros tantos, que ya estimo
en más mi suerte pues llega
a gratularse contigo.

Sirena        ¡Ay amiga, que ya vuelvo
a darte este nombre antiguo,
qué necias hemos estado
y yo qué bárbara he sido!
Sirvióme antes que heredase
el duque y su amor remiso
quise aquilatar con celos;
salióme mal este arbitrio.
Amóte y menosprecióme
y a ser yo cuerda, en su olvido
fundara felicidades
que, aunque tarde, solicito.
Envidiéte; soy mujer,
¿qué mucho?; puse a peligro
mi salud y mi sosiego;
quiso rendirse a partido
mi presunción. No admitió
César desengaños dignos
de estimación en los nobles;
pagó en desprecios suspiros;
abrieron sus desengaños

los ojos a mis sentidos,
castigué mis liviandades
y restauréme el juicio.
No es de mi inclinación César;
somos los dos tan distintos
en condiciones que fueran
sus regalos mi martirio
a desposarme con él.
Obligáronme servicios
a torcer mi inclinación;
yo presumida, él altivo,
si amante no pude hacer
que despidiese un amigo,
a mi voluntad opuesto,
de sus secretos archivo,
mal mi gusto procurara
teniéndome en su dominio,
pues de un amante rebelde
se hace un tirano marido.
Quise volverme a mi estado,
cuando a consolarme vino
Alejandro, y consolarse,
quejoso de tus desvíos.
No sé qué deudo se engendra
entre los que de un mal mismo
están enfermos; mas sé
que al instante que nos vimos
los dos lo que compasión
recíproca fue al principio
convirtió la semejanza
del mal en amor benigno.
Yo despreciada de César,
él por ti puesto en olvido
y los dos vuestros estorbos,

                                    paréceme que os servimos
                                    él y yo si os despejamos
                                    respetos de haber querido
                                    y agraviar pasadas prendas
                                    que dan pena a agradecidos.

Narcisa                             ¿Luego Alejandro pretende
                                    ser tu esposo?

Alejandro                                          Determino
                                    aun hasta en esto imitar
                                    las dichas que en vos envidio.
                                    Sirena —dadme licencia
                                    para alabarla— es prodigio
                                    de amor, pues cura mis celos
                                    contra la opinión de Ovidio.

Narcisa                             Cure muy en hora buena;
                                    mas ¿para qué habéis venido
                                    a darme a mí cuenta deso?
                                    ¿Podréis los dos persuadiros
                                    que vengándoos de mudanzas
                                    he de llegar yo a sentirlo
                                    de suerte que forme quejas?
                                    ¡Qué estratagema tan tibio!
                                    Quiéreme a mí el duque bien;
                                    para ocupar tal vacío
                                    sois vos muy poco sujeto.

Alejandro                           Yo con César no compito;
                                    antes vengo a suplicaros
                                    que siendo nuestros padrinos
                                    facilitéis con su alteza
                                    permisiones; que he temido

mudanzas que en vos adora,
estoy tan agradecido
cuanto os soy deudor de haberme
el alma restituido,
que tiranizada un tiempo
se malogró en vuestro hechizo.
Sirena —que pues a esto
llegamos fuerza es decirlo—
os hace tantas ventajas
en la belleza que admiro,
la discreción, la firmeza,
que el duque puso en olvido,
cuanta la luz a la sombra,
cuanta el diamante a los vidrios.
Mátenme vuestros desprecios
y vuelva yo a los martirios
de amaros —que es maldición
que tiemblo— si no os olvido,
si a la marquesa no adoro
más que al Sol el opuesto indio,
más que el imán a su estrella,
más que la flor al rocío.

Sirena        Y yo, que lealtades pago
si menosprecios castigo,
tanto a César aborrezco
cuanto en vos, amante mío,
de dueño y gustos mejoro;
que el imperio no hace digno
a quien por sí desmerece,
ni yo sus lisonjas sigo.
Vos firme, César mudable;
vos afable, él presumido;
vos amoroso, él severo;

vos leal, él fementido;
¿qué más dicha que olvidarle?
¿qué más suerte si os elijo
y que más bien que llamaros
descanso de mis suspiros?

(Sale César.)

César            Primero, mudable ingrata...

Narcisa          Primero, desconocido...

César            Que tal veas...

Narcisa                          Que tal goces...

César            Mi venganza...

Narcisa                          Tu castigo...

César            Narcisa, ya yo no os amo.

Narcisa          Señor, lo que os quiero finjo.

César            Celos se curan con celos.

Narcisa          En mi daño lo averiguo.

César            Dad la mano a vuestro amante.

Narcisa          Resistirálo ofendido.

Alejandro        Mal podré si satisfecho
adoro lo que resisto.

(Dánselas.)

César                    Vos marquesa sois mi esposa.

Sirena                   Bien os tengo merecido.

(Dánselas.)

César                        Basta, que amor funda estados
                         y da en admitir arbitrios.

(Sale Carlos.)

Carlos                   En busca de vuestra alteza...

César                        Carlos, dad reconocido
                         los plácemes a mi esposa
                         y vos, mi bien, a mi amigo
                         favoreced.

Sirena                            Con tal nombre
                         en estimarle os imito.

Carlos                   Gocéisos los dos mil años.

(Sale Gascón.)

Gascón                   ¡Dos horas, cuerpo de Cristo,
                         con la prisión jardinera!
                         ¡Si supieras los mosquitos
                         que me daban garrochón!
                         Pero ¿qué es esto que miro?
                         ¿Dos a dos y mano a mano?

¿Juegan cañas Valdovinos
y Belermas? Si os casáis
el cura soy; yo os bendigo.
Marco Antonio está a la puerta,
pues no es de los escogidos;
a la puerta por lo bobo
le arroje amor como niño
y escarmienten en él necios.

Carlos          El senado sea testigo
de que en materia de amores
según los ejemplos vistos
celos con celos se curan.

Gascón          Si contentan, digan vítor.

Fin de la comedia

## Libros a la carta

A la carta es un servicio especializado para
empresas,
librerías,
bibliotecas,
editoriales
y centros de enseñanza;
y permite confeccionar libros que, por su formato y concepción, sirven a los
propósitos más específicos de estas instituciones.

Las empresas nos encargan ediciones personalizadas para marketing editorial o para regalos institucionales. Y los interesados solicitan, a título personal, ediciones antiguas, o no disponibles en el mercado; y las acompañan con notas y comentarios críticos.

Las ediciones tienen como apoyo un libro de estilo con todo tipo de referencias sobre los criterios de tratamiento tipográfico aplicados a nuestros libros que puede ser consultado en Linkgua-ediciones.com.

Linkgua edita por encargo diferentes versiones de una misma obra con distintos tratamientos ortotipográficos (actualizaciones de carácter divulgativo de un clásico, o versiones estrictamente fieles a la edición original de referencia).

Este servicio de ediciones a la carta le permitirá, si usted se dedica a la enseñanza, tener una forma de hacer pública su interpretación de un texto y, sobre una versión digitalizada «base», usted podrá introducir interpretaciones del texto fuente. Es un tópico que los profesores denuncien en clase los desmanes de una edición, o vayan comentando errores de interpretación de un texto y esta es una solución útil a esa necesidad del mundo académico.

Asimismo publicamos de manera sistemática, en un mismo catálogo, tesis doctorales y actas de congresos académicos, que son distribuidas a través de nuestra Web.

El servicio de «libros a la carta» funciona de dos formas.

1. Tenemos un fondo de libros digitalizados que usted puede personalizar en tiradas de al menos cinco ejemplares. Estas personalizaciones pueden ser de todo tipo: añadir notas de clase para uso de un grupo de estudiantes,

**131**

introducir logos corporativos para uso con fines de marketing empresarial, etc. etc.

2. Buscamos libros descatalogados de otras editoriales y los reeditamos en tiradas cortas a petición de un cliente.